Kai Möllers

AF238457

Digitale Transformation im Asset Management

Wie Banken auf den Markteintritt von FinTechs reagieren sollten

Bibliografische Information der Deutschen Nationalbibliothek:

Die Deutsche Nationalbibliothek verzeichnet diese Publikation in der Deutschen Nationalbibliografie; detaillierte bibliografische Daten sind im Internet über http://dnb.d-nb.de abrufbar.

Inhaltsverzeichnis

Abbildungsverzeichnis

Tabellenverzeichnis

Abkürzungsverzeichnis

FinTech	Finanztechnologieunternehmen
EZB	Europäische Zentralbank
GmbH	Gesellschaft mit beschränkter Haftung
AG	Aktiengesellschaft
Mrd.	Milliarde
US	United States
CAGR	Compound Annual Growth Rate
Mio.	Million
EY	Ernst & Young Global Limited
KI	Künstliche Intelligenz
RPA	Robotic Process Automation
API	Application Programming Interface
Scalable Capital	Scalable Capital Vermögensverwaltung GmbH
DJE Kapital	Dr. Jens Ehrhardt Kapital AG
OHG	Offene Handelsgesellschaft
Sutor Bank	Max Heinr. Sutor OHG
Comdirect	Comdirect Bank AG
DB	Deutsche Bank AG
CoBa	Commerzbank AG
DiBa	ING-DiBa AG
Unicredit	Unicredit Bank AG
IT	Informationstechnologie
B2C	Business-to-Consumer
BaFin	Bundesanstalt für Finanzdienstleistungsaufsicht
BMF	Bundesministerium der Finanzen
COVID-19	Corona Virus Disease 2019
Inc.	Corporation

App	Application software
FSB	Financial Stability Board
PFM	Personal Financial Management
USA	United States of America
ESMA	European Securities and Markets Authority
i. d. R.	In der Regel
ETF	Exchange Traded Fund
B2B	Business-to-Business
KWG	Kreditwesengesetz
WpHG	Wertpapierhandelsgesetz
BGB	Bürgerliches Gesetzbuch
AuM	Asset under Management
p. a.	Per annum
VermAnlG	Vermögensanlagengesetz
KAGB	Kapitalanlagegesetzbuch
DAX	Deutscher Aktienindex
ESG	Environment, Social, Governance
ROPO	Research Online - Purchase Offline
GFK	Gesellschaft für Konsumforschung
LLC	Limited Liability Company
SE	Societas Europaea
e. V.	Eingetragener Verein
DFA	Dimensional Fund Advisor
PWC	PricewaterhouseCoopers GmbH
MiFID	Markets in Financial Instruments Directive
SAA	Strategische Asset Allocation
Bio.	Billion
EU	Europäische Union

MSCI	Morgan Stanley Capital International
MVP	Minimum Viable Product
SaaS	Software-as-a-Service-Variante
BaaP	Banking as a Platform
PaaS	Platform as a Service
IaaS	Infrastructure as a Service
PSD2	Payment-Services-Directive-II-Richtlinie
IoT	Internet of Things

1 Einleitung

1.1 Problemstellung

Die Finanzbranche ist im Umbruch, neue Technologien zwingen die Banken zu Veränderungen. Die Banken befinden sich deshalb seit einigen Jahren in einem anhaltenden Transformationsprozess. Das lässt sich daran erkennen, dass die Konsolidierung der Finanzinstitute seit 1990 weiter zum Teil stark voranschreitet. So gibt es Anfang der neunziger Jahre noch mehr als 4.700 Kreditinstitute gegenüber 1.783 im Jahre 2018 innerhalb Deutschlands.[1] Dies ist ein Rückgang von 2.917 Banken oder 62 % im Zeitraum von 28 Jahren. Laut dem Bankenreport 2030 von der Strategieberatung Oliver Wyman wird es in 10 bis 15 Jahren nur noch 150 bis 300 Banken in Deutschland geben.[2] Begründet wird dies damit, dass zu der existierenden Drei-Säulen-Struktur, bestehen aus privaten Geschäftsbanken, öffentlich-rechtlichen Banken und Genossenschaftsbanken, eine vierte Säule sich in Deutschland etablieren wird.[3] Diese beinhaltet ausländische Banken, Finanztechnologieunternehmen (FinTechs), Marktinfrastrukturanbieter und Technologiekonzerne, die im traditionellen Bankensektor durch die Digitalisierung und veränderten Erwartungshaltungen der Kunden zu einer Disruption führen wird.[4] Es wird in diesem Zusammenhang auch von einem Paradigmenwechsel im Markt gesprochen.[5]

Der Prozess der Konsolidierung der Banken ist durch zahlreiche Einflussfaktoren zu erklären. Neben der oftmals erwähnten Finanzkrise in den Jahren 2008/2009 und den damit zunehmenden regulatorischen Anforderungen mit denen sich die Finanzinstitute täglich auseinandersetzen müssen, dem weiterhin vorhandenen Ertragsrückgang im Kerngeschäftsfeld Zins- und Provisionsüberschuss, maßgeblich beeinflusst durch die Zinspolitik der Europäischen Zentralbank (EZB) und der wachsenden Internationalisierung und somit steigendem Wettbewerb von ausländischen Banken, sowie dem Markteintritt von Marktinfrastrukturanbietern und globalen Technologieunternehmen, ist ein sich stark veränderndes Kunden-

---

[1] Vgl. *Bankenforen Leipzig GmbH*, Aktuelle Zahlen und Fakten zum Bankenmarkt Deutschland Kreditinstitute & Wettbewerber, ohne Datumsangabe, S. 16; *Deutsche Bundesbank*, Bankstellenbericht2018, 2019, S. 12.

[2] Vgl. *Wyman, O.*, Bankenreport Deutschland 2030, 2018, S. 5.

[3] Vgl. *Deutscher Bundestag*, Bankensystem und Bankenaufsicht in Deutschland, 2009, S. 4.

[4] Vgl. *Wyman, O.*, Bankenreport Deutschland 2030, 2018, S. 4.

[5] Vgl. *Friedrich, H., Schiefelbein, M.*, Finanzwelt im Umbruch, 2013, S.51.

verhalten dafür verantwortlich. Hiervon ist auch das Asset Management und in diesem Geschäftsbereich das Segment Wealth Management betroffen. Der Transformationsprozess im Asset Management ist im hohen Maße durch die Digitalisierung begründet, die als Megatrend zu einem gravierenden technologischen Wandel im Bankensektor führt.

Bei den Banken sind diese digitalen Systeme bisher primär nur in einzelnen Bereichen vorhanden wie z. B. im digitalen Zahlungsverkehr und Online-Banking. Die Banken konzentrieren sich damit in erster Linie auf vorhandene Finanzinstrumente und nutzen diese mit den Möglichkeiten des Internets als Interaktion zu ihren Kunden. In den letzten Jahren ist aber zu beobachten, dass auch im Asset Management der Digitalisierungsprozess vorangetrieben wird. Dieses ist begründet durch die intensive Beratungstätigkeit und den damit verbundenen hohen Kosten bei zunehmend rückläufigen Renditen. Hier sind FinTechs mit ihren Robo-Advisors sehr aktiv und eine zunehmende Bedrohung für die Privatbanken. Diese können Produkt- und Dienstleistungsangebote effizienter und kostengünstiger offerieren.

In dem Kundensegment Wealth Management verzeichnen die Banken einen Gewinnrückgang von bis zu 40 % in den Jahren 2000 bis 2015 bei einer gleichzeitig wachsenden Marktentwicklung im Wealth Management um 60 %.[6] Den Banken gelingt es immer weniger mit ihren Kerngeschäftsmodellen und Wertschöpfungsketten die sich zunehmend verändernden Kundenbedürfnisse durch technologische Entwicklungen zu befriedigen. „Banker verstehen Banking, aber sie haben keine Ahnung von Technik"[7] so die Aussage von Skinner auf der 22. Handelsblatt Jahrestagung (2017) in Frankfurt am Main. Aus diesem Grund versuchen sie nur die Kosten im Wealth Management mittels Digitalisierung und Standardisierung von Anwendungen weiterhin zu reduzieren ohne wirklich Innovationen zu etablieren.

Den Innovationsansatz hingegen verfolgen die FinTechs, welche in Deutschland immer mehr an Bedeutung und Präsenz gewinnen und damit in Wettbewerb zu den etablierten Geschäftsmodellen der Finanzinstitute stehen. Im Jahr 2015 weist der deutsche Markt 346 aktive FinTech-Unternehmen auf.[8] Per September 2019 sind bereits 898 Finanz-Startups am deutschen Markt aktiv tätig.[9] Dies entspricht einer Steigerung von über 100 % innerhalb von knapp vier Jahren und im Asset

---

6   Vgl. *Schlotmann, J. et al.*, Innovationen im Private Banking & Wealth Management, 2017, S. 4.
7   *Skinner, C.*, Banken im Umbruch: Technologie trifft Mensch, 2017, o. S.
8   Vgl. *Dorfleitner, G. et al.*, FinTech-Markt in Deutschland, 2016, S. 106.
9   Vgl. *Comdirect Bank AG*, Fintech-Wachstum nimmt wieder Fahrt auf, 2019, o. S.

Management hat sich die Anzahl der FinTechs auf 96 Unternehmen (10 %) erhöht.[10] Ihr Ziel ist es einen Mehrwert für die Kunden mithilfe von schnellen digitalen Lösungen zu erzielen. Die FinTech-Unternehmen richten ihre Aktivitäten auf einzelne Stufen der vorhandenen Wertschöpfungsketten der etablierten Banken aus und versuchen z. B. unter Bezugnahme auf eine Algorithmus basierten Anlageberatung (Robo-Advisor) diese innovativer anzubieten.[11] Sie konzentrieren sich somit auf einzelne Geschäftsbereiche der Banken. Dabei nutzen sie die innovativen informations- und kommunikationstechnologischen Entwicklungen, um den Kunden intelligente, einfache und individuelle Finanzlösungen kostengünstig zur Verfügung zu stellen. Laut dem FinTech Report 2019 wird sich das Anlagevolumen mittels Robo-Advisor in Deutschland von dem Jahr 2018 bis zum Jahr 2023 von 4,5 Milliarden (Mrd.) US-Dollar auf 34,3 Mrd. US-Dollar erhöhen, das entspricht 50,1 % Compound Annual Growth Rate (CAGR).[12] Gleichzeitig wird eine Zunahme der Nutzeranzahl im gleichen Zeitraum von 0,2 Millionen (Mio.) auf 0,7 Mio. prognostiziert.[13] Als Haupteinflussfaktoren für dieses Wachstum werden in einer Ernst & Young Studie (EY) aus dem Jahr 2019 geringere Gebühren und eine bessere Preistransparenz, speziell bei den Wealth Management Kunden, aufgeführt.[14] Diese Entwicklung spiegelt sich auch in den jährlich veröffentlichen digitalen Zukunftstrends (Emerging Technologies Hype Cycle) nach Gartner wider.[15] Künstliche Intelligenz (KI), Robotic Process Automation (RPA), Big Data Advanced Analytics, Cloud Computing und Application Programming Interface (API) sind unter anderem digitale Trends, die bei FinTechs heute schon zum Teil Anwendung finden. Diese neuen Technologien bieten disruptive Potenziale, die eine große Herausforderung für die etablierten Banken darstellen.

1.2 Zielsetzung und Abgrenzung der Arbeit

Die vorliegende Arbeit untersucht wie Banken kurz- und mittelfristig sich mit dem Transformationsprozess im Asset Management befassen, dadurch das FinTech-Unternehmen als neue Marktteilnehmer auftreten. Dabei kommen den Robo-Advisors

---

10 Vgl. *Comdirect Bank AG*, Fintech-Wachstum nimmt wieder Fahrt auf, 2019, o. S.

11 Vgl. *Wangler, K. et al.*, Robo-Advisory Wertpapierberatung digital gestalten, 2018, S. 5.

12 Vgl. *Striapunina, K.*, Statista Digital Market Outlook – Market Report, 2019, S. 39.

13 Vgl. *Striapunina, K.*, Statista Digital Market Outlook – Market Report, 2019, S. 41.

14 Vgl. *Ernst & Young Global Limited*, German Wealth Management Research Report, 2019, S. 40.

15 Vgl. *Newton, A.*, Hype Cycle for Digital Banking Transformation, 2019, o. S.

als digitale Vermögensverwaltungen eine besondere Bedeutung zu im Vergleich zu Anlageberatungen im Wealth Management der Banken. In dieser Arbeit werden zwei Untersuchungsgruppen miteinander und untereinander analysiert. Die erste Untersuchungsgruppe setzt sich aus den zwei FinTechs Scalable Capital Vermögensverwaltung GmbH (Scalable Capital) und Solidvest, von der Dr. Jens Ehrhardt Kapital AG (DJE Kapital), mit ihren jeweiligen Robo-Advisor-Systemen und den speziell entwickelten Robo-Advisors von der Max Heinr. Sutor OHG (Sutor Bank), Cominvest, von der Comdirect Bank AG (Comdirect) und ROBIN von der Deutschen Bank AG (DB) zusammen. Die zweite Untersuchungsgruppe beinhaltet die fünf Banken Commerzbank AG (CoBa), DB, ING-DiBa AG (DiBa), Unicredit Bank AG (Unicredit) und Sutor Bank. In der Arbeit soll als erstes Ziel herausgearbeitet werden, wie der Bankensektor auf den Markteintritt von FinTechs mit Robo-Advisors kurzfristig reagieren soll. Dabei soll folgende gerichtete Hypothese überprüft werden, wodurch eine höhere Präzision gegeben ist:

H1: *Wenn Banken keine FinTech-Konzepte implementieren, dann verlieren sie Marktanteile im Asset Management.*

Grundsätzlich stehen hierfür die Möglichkeiten der Inhouse-Entwicklung, der Übernahme von FinTechs mit ihren digitalen Robo-Advisor-Systemen durch Banken und die Kooperation mit FinTechs zur Verfügung. Es soll erarbeitet werden, welche dieser drei Alternativen als kurzfristiger Lösungsansatz von den Banken genutzt wird und welche Vorteile ausschlaggebend sind für eine dieser Varianten.

Darüber hinaus werden in einem weiteren Ziel mittelfristige Lösungsansätze erarbeitet, die sich durch Strukturveränderungen und innovative Informationstechnologie-Modelle (IT) erzielen lassen und auch im Kundensegment Wealth Management Berücksichtigung finden können. Hierbei wird folgende zweite gerichtete Hypothese untersucht:

H2: *Je mehr Banken innovative IT-Technologien installieren, desto wettbewerbsfähiger ist das Wealth Management zukünftig am Markt.*

Die vorliegende Arbeit betrachtet ausschließlich den Finanzmarkt Deutschland, in der eine Konzentration auf das Asset Management innerhalb der vier Hauptsegmente im Bankensektor nach Dorfleitner stattfindet.[16] Die Vermögensverwaltungen, die das Vermögen von institutionellen Anlegern verwalten, wie z. B.

---

[16] Vgl. *Dorfleitner, G., Hornuf, L.,* FinTech und Datenschutz, 2019, S. 4 ff.

Versicherungsgesellschaften, Pensionskassen oder Stiftungen, um nur einige zu nennen, finden keine Berücksichtigung. Grundsätzlich wird im Asset Management in die beiden Bereiche institutionelle Investoren und private Anleger differenziert, wobei in dieser Arbeit ausschließlich der Marktbereich Business-to-Consumer (B2C) betrachtet wird und Vermögensverwaltungen, die keinen Banken angehören, nicht berücksichtigt werden.[17] Die Umsetzung von regulatorischen und gesetzlichen Vorgaben mit denen sich die Banken und FinTechs aktuell und auch zukünftig befassen müssen, finden ebenfalls in dieser Arbeit keine gesonderte Berücksichtigung. Der Bereich Asset Management wird sowohl bei Banken als auch bei FinTech-Unternehmen untersucht, die Robo-Advisors nutzen und bei Banken, die Robo-Advisor als Inhouse-Lösung anbieten. Diese Arbeit konzentriert sich ausschließlich auf die aktiv gemanagten Robo-Advisors sowie die individuellen Vermögensverwaltungen der Banken, um eine direkte Vergleichbarkeit zu schaffen. Neben dem Kostenvergleich beschränkt sich der durchzuführende Benchmark- und Performancevergleich ausschließlich auf die Wertentwicklung (Netto-Rendite) und auf den Vergleich mit zwei Benchmarks. Andere mögliche Untersuchungsparameter wie bspw. Risikosteuerung, Anzahl von Rebalancing und Umschichtungen, sowie eine detaillierte Analyse der Portfoliostruktur finden keine Berücksichtigung, da diese Daten nicht für beide Untersuchungsgruppen zur Verfügung stehen und somit kein valides Ergebnis im Vergleich erzielt werden kann. Weitere Annahmen die notwendig sind, um Vergleiche in den beiden Untersuchungsgruppen durchführen zu können, werden in Punkt 3.4 aufgeführt. Aufgrund der Tatsache, dass in dieser Arbeit innerhalb der Untersuchungsgruppe Banken der Schwerpunkt auf dem Teilsegment Asset Management mit dem Kundensegment Wealth Management liegt, wird eine allgemeingültige Definition der Banken nicht vorgenommen.

Im Asset Management gibt es die vier unterschiedlichen Differenzierungskriterien (Anlegerkreis, Mitwirkung des Anlegers, Anlageziel und Ort der Dienstleistung), wobei in dieser Untersuchung nur die Beratung innerhalb Deutschlands analysiert wird und somit die Differenzierungsmöglichkeit, der Ort der Dienstleistung, nicht thematisiert wird. Nähere Ausführungen dazu werden im Punkt 2.4 aufgeführt. Da die Zielgruppe der Privatanleger im Asset Management bei den zu untersuchenden Banken unterschiedlich klassifiziert wird bezüglich der Mindestanlagesumme, konzentriert sich die Analyse in der Arbeit auf das Kundensegment Wealth

---

[17] Vgl. *Jacob, M.*, Asset Management, 2012, S. 14.

Management mit seiner persönlichen und individuellen Beratung. Die Kundensegmente Retail Banking und Private Banking finden in der Arbeit keine gesonderte Berücksichtigung.

Aufgrund der Marktdynamik und der Tatsache, dass die FinTech-Branche relativ jung ist, sind auch die statistischen Daten der FinTech-Unternehmen unterschiedlich. Die Bundesanstalt für Finanzdienstleistungsaufsicht (BaFin) schätzt die Anzahl der FinTech – je nach Begriffsverständnis – auf 300 bis 900 Unternehmen in Deutschland ein.[18] Die in dieser Arbeit verwendeten statistischen Daten bzgl. der Anzahl der FinTech-Unternehmen stützen sich primär auf Quellen aus dem Bundesministerium der Finanzen (BMF), der Deutschen Bundesbank und der BaFin.

Eine weitere Abgrenzung wird bei den verschiedenen Geschäftsfeldern der FinTechs vorgenommen. Da in der Literatur unterschiedliche Anzahlen von Geschäftsfeldern, teils in weiteren Untergruppen unterteilt, aufgeführt werden, erfolgt in dieser Arbeit die Kategorisierung in Anlehnung an Dorfleitner.[19] Obwohl FinTech-Geschäftsmodelle auch im Bereich Versicherungen anzutreffen sind liegt der Fokus in dieser Arbeit aber ausschließlich auf dem Gebiet der Banken und hier speziell im Teilbereich Asset Management. Bei dem zu untersuchenden Strukturwandel der Banken wird eine Einschränkung in der Weise vorgenommen, dass nur kurz- und mittelfristige Lösungsansätze aufgezeigt werden. Alle zu erarbeitenden Vorschläge werden aus der Perspektive der Banken vorgenommen. Langfristige Lösungen (> 5 Jahre) finden in der Arbeit keine Berücksichtigung, da der Bankensektor durch Digitalisierung, die stetig zunehmende Regulatorik und etablierten FinTechs als Wettbewerber einer Dynamik unterliegt, die eine objektive und fundierte Betrachtungsweise über einen längeren Zeitraum nicht ermöglicht. Die durch COVID-19 entstehende Pandemie mit ihren gravierenden wirtschaftlichen Folgen, die gegenwärtig noch nicht zu quantifizieren sind, finden in dieser Arbeit keine Berücksichtigung. So basieren die gesamten prognostizierten Statistiken auf der Annahme einer zunehmend prosperierenden Zukunft im Finanz- und Wirtschaftssektor.

---

[18] Vgl. *Leonhardt, F.*, Evolutionärer Einfluss von Fintechs auf die Finanzbranche, 2019, o. S.
[19] Vgl. *Dorfleitner, G., Hornuf, L.*, FinTech und Datenschutz, 2019, S. 4 ff.

1.3 Methodik und Struktur der Arbeit

Die Auswahl der Untersuchungsgruppen findet aufgrund verschiedener Paramater statt. Bei den Banken werden drei nationale (CoBa, DB und Sutor Bank), eine internationale (Unicredit) und eine Direktbank (DiBa) ausgewählt, um das Untersuchungsergebnis auf eine breite Basis zu stellen. Bei den Robo-Advisor-Systemen werden drei Inhouse-Lösungen der Banken (CoBa, DB und Sutor Bank) und zwei unabhängige FinTechs (Scalable Capital und Solidvest) selektiert, wobei eine Kooperation zwischen Scalable Capital und der DiBa existiert. Bei der Arbeit handelt es sich primär um eine qualitative Forschungsuntersuchung, die das zu recherchierende Datenmaterial interpretiert und sich einer holistischen Vorgehensweise bedient. Im Performancevergleich der beiden Untersuchungsgruppen erfolgt eine quantitative Vorgehensweise auf Basis von vorhandenen Marktanalysen. Zur Erreichung der Ziele und Überprüfung der aufgestellten Hypothesen wird eine umfangreiche Literaturrecherche und ein induktives Vorgehen gewählt, um kurz- und mittelfristige Lösungsansätze zu erarbeiten. Darüber hinaus dienen Studien, die auch Marktstatistiken enthalten, Fachjournals, die sich dieser Thematik widmen, als Datenbasis für die Verifizierung der Hypothesen. Die erarbeiteten Ergebnisse bei den kurz- und mittelfristigen Lösungsansätzen werden erzielt durch Vergleichsanalysen verschiedener Szenarien, Analyse der Relevanz aus zukunftsorientierter Perspektive und Berücksichtigung der Marktentwicklungen bei den Banken und im Kundenverhalten.

Die Arbeit ist in sechs Hauptgliederungspunkte aufgeteilt. Zunächst werden im zweiten Kapitel die für diese Arbeit notwendigen begrifflichen Grundlagen für die beiden Untersuchungsgruppen FinTechs mit ihren Robo-Advisors und die ausgewählten Banken, wobei bei diesen ausschließlich auf das Asset Management im Kundensegment Wealth Management eingegangen wird, definiert und die entsprechenden rechtlichen Voraussetzungen aufgeführt. Dabei erfolgt unter der Bezeichnung FinTech im Kapitel 2.2 eine Konzentration auf vier Hauptsegmente im Bankensektor.[20] Im Abschnitt 2.3 werden vier Stufen vom Robo-Advisor vorgestellt, die zu einem Paradigmenwechsel im Asset Management führen.[21] Im Kapitel 2.4 werden detaillierte Begriffserklärungen für Asset Management und Wealth

---

[20] Vgl. *Leichsenring, H. J.*, FinTech-Startups weltweit im Überblick, 2015, o. S.
[21] Vgl. *Deloitte GmbH Wirtschaftsprüfungsgesellschaft*, The expansion of Robo-Advisory in Wealth Management, 2016, S. 2 f.

Management vorgenommen, die für das Verständnis der Arbeit eine signifikante Bedeutung haben.

Im 3. Kapitel wird zuerst auf den Wandel im Kundenverhalten, aufgrund der Digitalisierung bei Finanzgeschäften eingegangen, der ausschlaggebend ist für die Markteintritte von FinTechs mit Robo-Advisor-Systemen und Banken mit entsprechenden Robo-Advisor-Lösungen. Es folgen in den nächsten Abschnitten neben den Vor- und Nachteilen der Algorithmus basierten Vermögensanlage (Robo-Advisor) auf der einen Seite und der persönlichen Beratung im Asset Management auf der anderen Seite eine aktuelle Marktanalyse beider Untersuchungsgruppen und daran anschließend im Kapitel 3.4 ein Benchmark-, Performance- und Kostenvergleich von Robo-Advisor-Systemen untereinander sowie von Banken im Asset Management und anschließend zwischen den beiden Untersuchungsgruppen. In der Untersuchung erfolgt eine Konzentration auf die individuellen Vermögensverwaltungen der Banken und den digitalen Vermögensverwaltungen der Robo-Advisors. Der Vergleich der Algorithmus basierten Verwaltung der Robo-Advisors mit dem individuellen Portfoliomanagement der Banken basiert auf der Annahme, dass alle Robo-Advisor-Portfolios individuell mithilfe der Algorithmen gemanagt werden. Das Kapitel schließt mit einer kritischen Würdigung der erarbeiteten Ergebnisse ab, die als Basis für kurz- und mittelfristige Lösungsansätze der Banken dienen sollen.

Im 4. Kapitel werden die drei Robo-Advisor-Szenarien (Inhouse-Entwicklung, Übernahme, Kooperation) einer näheren Analyse unterzogen, dessen Ergebnis unter bestimmten Prämissen als kurzfristiger Lösungsansatz für die Banken gelten soll. Mit diesem Ergebnis wird die erste Zielsetzung der Arbeit beantwortet. Den Schwerpunkt im 5. Kapitel bildet die mittelfristige Zukunftsperspektive der digitalen Transformation im Asset Management. Hierbei wird neben den notwendigen Strukturveränderungen der Banken unter anderem auch auf Veränderungsprozesse innerhalb des Wealth Managements eingegangen. Neue innovative IT-Infrastrukturen wie z. B. Cloud-Services oder Computing, API-Schnittstellen und Big Data Analytics werden in diesem Kapitel als fester Bestandteil eines mittelfristigen Lösungsansatzes gesehen und näher untersucht. Es folgt in Kapitel 5.4 ein Ergebnis aus den gewonnenen Erkenntnissen als mittelfristiger Lösungsansatz.

Im letzten Abschnitt der Arbeit werden die erarbeiteten Erkenntnisse mit der Problemstellung reflektiert und die Hypothesen verifiziert. Daraus ableitend erfolgt ein Fazit für die Banken auf Basis der gewonnen Ergebnisse, wie sie kurz- und mittelfristig ihr Asset Management in Bezug auf die Digitalisierung und die neuen Marktteilnehmer ausrichten sollten.

2 Begriffliche Grundlagen

Die Digitalisierung und das Internet haben im letzten Jahrzehnt viele Wirtschafts-bereiche maßgebend beeinflusst und revolutioniert, wie z. B. Amazon.com, Inc. den Handelsbereich. Der Bankensektor wird von diesen dynamischen Veränderungen nicht verschont.[22] FinTech-Unternehmen mit ihren digitalen Finanzprodukten und Dienstleistungen setzen die Banken unter Druck und gewinnen am Finanzmarkt immer mehr an Bedeutung.

In den folgenden Abschnitten werden die notwendigen begrifflichen Grundlagen näher untersucht und definiert.

2.1 Digitalisierung

Da eine große Anzahl von Definitionen zur Digitalisierung in der Literatur existiert, erfolgt in der Arbeit eine Betrachtung auf Banken, ohne dabei einen Anspruch auf eine allgemeingültige Definition zu erlangen. Der Begriff der Digitalisierung wird sehr häufig aus seinem Ursprung im engeren Sinn abgeleitet.[23] Unter Digitalisie-rung wird deshalb im allgemeinem die Umwandlung von analogen Daten in digitale Werte verstanden bzw. die Verarbeitung oder Speicherung in einem digitalen Sys-tem.[24] Im Vordergrund stehen dabei entsprechende Ableitungen und Anordnungen für Finanzprodukte, die mittels Algorithmen gewonnen werden können.

Im Bankenbereich wird der Begriff Digitalisierung in erster Linie im Zusammen-hang mit IT-Prozessen und IT-Systemen gesehen, die die Kundenkanäle unterstüt-zen und zu automatisierten Prozessen führen sollen.[25] Dieses betrifft sowohl das Front Office als auch das Back Office. Es ist nicht ausreichend das digitale Banking auf Mobile-Banking zu beschränken, wobei unter Mobile-Banking die Durchfüh-rung von Finanzgeschäften auf Smartphone oder Tablet mittels entsprechender Application software (App) verstanden wird, die von Banken zur Verfügung gestellt werden.[26] Entscheidend ist eine intelligente Vernetzung der einzelnen digitalisier-ten Prozesse herzustellen.[27] Die Banken haben diesbezüglich einen akuten

---

[22] Vgl. *Swoboda, U. C.*, Retail-Banking und Private Banking, 2004, S. 13.

[23] Vgl. *Kümpel, T. et al.*, Controlling & Innovation 2019, 2019, S. 201.

[24] Vgl. *Luber, S.*, Was ist Digitalisierung?, 2019, o. S.

[25] Vgl. *Zillmann, M.*, Banken - Den digitalen Wandel gestalten, 2015, S. 5.

[26] Vgl. *Leichsenring, H. J.*, Mobile-Banking findet vor allem über Apps statt, 2019, o. S.

[27] Vgl. *Zillmann, M.*, Banken - Den digitalen Wandel gestalten, 2015, S. 5.

Handlungsbedarf, da zunehmend immer mehr FinTechs auf dem Markt erscheinen mit digitalen Kundennutzen und Finanzdienstleistungen, die im direkten Wettbewerb zu Banken stehen.

2.2 FinTech

Der Begriff FinTech ist ein Schachtelwort, welches aus den zwei morphologisch überlappenden Wörtern „Finanzen" und „Technologie" besteht. Eine rechtsgültige Definition ist nicht bekannt, da FinTech oft als Sammelbegriff für unterschiedliche Geschäftsmodelle und somit zwangsläufig stark voneinander abweichenden Dienstleistungen und Produkten steht. Jede Definition verfolgt einen anderen spezifischen Ansatz, abhängig von der Branche oder dem Geschäftsfeld. Oft zitiert und verwendet wird die Definition des Financial Stability Board (FSB), der darunter technologische Innovationen bei Finanzdienstleistungen versteht, die zu neuen Geschäftsmodellen, Anwendungen, Prozessen oder Produkten führen, die entsprechende Wirkungen zeigen auf den Finanzmärkten und bei den Banken.[28] Generell lässt sich jedoch feststellen, dass viele Definitionen sich in der Grundaussage nicht unterscheiden. Eine zutreffende Definition ist bei Wiebke Danker von der BaFin zu finden. Sie definiert FinTechs als „junge Unternehmen, die mithilfe technologiebasierter Systeme (...) Finanzdienstleistungen anbieten".[29] FinTechs können demnach insoweit näher beschrieben werden, dass sie Finanztechnologieunternehmen sind, die Finanzdienstleistungen mit innovativen Technologien und Angeboten internetbasiert anbieten und somit einen Vorteil in der Automatisierung und Bedienbarkeit für den Endverbraucher gegenüber anderen Marktteilnehmern (z. B. Banken) haben. Darüber hinaus werden diese Unternehmen mit einer hohen Transparenz und niedrigen Kosten in Verbindung gebracht, da nahezu alle Arbeitsabläufe standardisiert und über Algorithmen abgewickelt werden, die zu einer Prozessoptimierung führen. Die grundsätzlichen Ziele, die FinTechs verfolgen, sind Produkte aus dem Finanzsektor transparenter, schneller, einfacher und automatisierend in digitaler Form darzustellen und den Kunden anzubieten. Die angebotenen Produkte und Dienstleistungen zeichnen sich durch eine höhere Kundenorientierung gegenüber den Banken aus, bedingt durch eine leicht verständliche Aufbereitung und Darstellung der Themenvielfalt.

---

[28] Vgl. *Financial Stability Board*, Monitoring of FinTech, 2017, o. S.
[29] *Danker, W.*, FinTechs, 2016, o. S.

Aufgrund der Tatsache, dass keine eindeutig rechtliche Definition für FinTechs existiert, werden, je nach Detailgrad, in der Literatur bis zu 16 Unterkategorien definiert. Dorfleitner unterteilt die FinTech-Geschäftsfelder in vier Hauptkategorien (Finanzierung, Vermögensmanagement, Zahlungsverkehr und sonstige FinTechs).[30] Die Trendstudie „FinTechs mit Fokus Geldanlage" spricht von den sechs Selektionsstufen Banking, Payment, Trading, Insurance, Investment und Crowdfunding.[31] Leichsenring unternimmt dagegen die detaillierteste Aufteilung in 16 Kategorien (z. B. Konsumentenkredite, Zahlungen (Point of Sale) und Geld- und Vermögensanlage-Retail).[32] In dieser Arbeit wird in Anlehnung an Dorfleitner nach den vier Hauptanwendungsfeldern im Bankensektor kategorisiert.[33]

Das **erste** Segment (Finanzierung) bildet alle FinTech-Unternehmen ab, die Finanzierungen an Unternehmen und Privatpersonen vergeben. Hierunter ist auch das Crowdfunding zu sehen, welches auch als Untersegment angesehen werden kann, in dem eine hohe Anzahl an Unterstützern, sogenannte *Backer*, finanzielle Mittel zur Verfügung stellen, um ein gemeinsames Projektziel anhand von Mikro-Finanzierungshilfen zu erreichen.[34] Dabei geht es um eine Finanzierungsmethode, die durch eine Vielzahl von Personen über das Internet gewonnen wird.[35] Sollten diese finanziellen Mittel von den *Backern* nicht auf freiwilligen Spenden basieren, kann die Gegenleistung auch von einer monetären Leistung über Vorkaufsrechte eines neuen Produktes gehen. Beim Crowdfunding dient keine klassische Bank als Plattform um die Gelder zu beschaffen, sondern ein sogenanntes Crowdfunding Portal wird für dieses Ziel als Intermediär eingesetzt. Crowdfunding-Plattformen bedienen dabei sowohl den privaten als auch institutionellen Bereich. Crowdfunding ist somit eine Alternative, um für zumeist junge Unternehmen (Startup), neben der traditionellen Finanzierung durch Banken, Kapital zu erlangen.

Das **zweite** Segment (Zahlungsverkehr) bedient den kompletten nationalen sowie internationalen Zahlungsverkehr. Hierunter zählt neben den Kryptowährungen wie bspw. Bitcoin, welche die höchste Marktkapitalisierung mit knapp 129

---

[30] Vgl. *Dorfleitner, G., et al.*, FinTech-Markt in Deutschland, 2016, S. 5–10.; *Dorfleitner, G., Hornuf, L.*, FinTech und Datenschutz, 2019, S. 4 ff.

[31] Vgl. *Syracom AG*, Trendstudie Banken 2016, 2016, S. 40.

[32] Vgl. *Leichsenring, H. J.*, FinTech-Startups weltweit im Überblick, 2015, o. S.

[33] Vgl. *Dorfleitner, G., Hornuf, L.*, FinTech und Datenschutz, 2019, S. 4 ff.

[34] Vgl. *Klöhn, L., Hornuf, L.*, Crowdinvesting in Deutschland, 2012, S. 239.

[35] Vgl. *Bundesanstalt für Finanzdienstleistungsaufsicht*, Crowdfunding und der graue Kapitalmarkt, 2019, o. S.

Milliarden US-Dollar aufweist und Ethereum auch das komplette Mobile Payment Segment.[36] Mobile Payment definiert sich durch verschiedene Funktionalitäten, die mittels App über ein Mobiltelefon abgewickelt werden.[37] Im Vordergrund steht dabei eine schnelle und benutzerfreundliche Anwendung zum Austausch von Zahlungsinformationen. Alle diese Bezahlsysteme oder Währungen werden mittels der Blockchain Technologie abgebildet, weshalb diese auch unter das Segment Zahlungsverkehr der FinTechs einzuordnen ist.

Das **dritte** Segment (Asset Management) beschreibt FinTechs, welche sich ausschließlich auf die Verwaltung von Vermögen bzw. deren Anlage und Beratung konzentrieren. Dieses Segment zeichnet sich dadurch aus, dass die Verwaltung der Assets mittels innovativer Software-Lösungen wie z. B. dem Robo-Advisory angeboten werden.[38] Die Geldanlage durch Robo-Advisor erfolgt anhand Algorithmen basierten Anlageempfehlungen, die sich auf die zuvor abgefragte jeweilige Risikopräferenz sowie deren Anlageziele/Anlagehorizont der Anleger bezieht.[39] Der Fragebogen ist im hohen Maße standardisiert, um alle notwendigen Informationen vom Anleger für die Anlageentscheidung durch den Robo-Advisor zu erhalten. Die Vermögensanlage/-beratung anhand von Robo-Advisor kann zudem laut der BaFin in zwei grundlegende Modelle unterschieden werden, der einmaligen Beratung zu Anfang der Investition, auch „automatisierte Anlageberatung" genannt und der wiederkehrenden Anlageberatung „automatisierten Finanzportfolioverwaltung", bei der neben der Erstanlage weitere Empfehlungen im Laufe der Vermögensverwaltung ausgesprochen werden.[40] Darüber hinaus unterteilt Dorfleitner das Segment „Vermögensmanagement" neben Robo-Advisor noch in die drei Teilsegmente Social Trading, Personal Financial Management (PFM) und Anlage und Banking.[41] Unter Social Trading werden transparente Marktplätze verstanden, in denen professionelle Anleger ihre Anlagestrategien hinterlegen, die von privaten Anlegern automatisiert durch FinTechs nachgebildet werden können. Im Teilsegment PFM bieten FinTechs App- oder softwarebasierte Lösungen an, mit deren Hilfe die Abbildung und Verwaltung von Vermögenswerten und Finanzströmen dargestellt

---

[36] Vgl. *CoinMarketCap*, Cryptocurrency Market Capitalizations, 2020, o. S.

[37] Vgl. *Merritt, C.*, Mobile Money Transfer Services, 2010, S. 4 ff.

[38] Vgl. *Dorfleitner, G., et al.*, FinTech-Markt in Deutschland, 2016, S. 7.

[39] Vgl. *Fein, M. L.*, Robo-Advisors, 2015, S. 2 ff.

[40] Vgl. *Bundesanstalt für Finanzdienstleistungsaufsicht*, Robo-Advice und Auto-Trading, 2016, o. S.

[41] Vgl. *Dorfleitner, G., Hornuf, L.*, FinTech und Datenschutz, 2019, S. 4.

werden sollen.[42] Hierunter fällt auch die Verwaltung mehrerer Konten von unterschiedlichen Finanzinstituten über ein zentrales Portal, wodurch eine anwenderfreundliche Möglichkeit angeboten wird. Unter das Teilsegment Anlage und Banking fallen unter anderem FinTechs, die eine Vermittlung von Geldanlagen im Ausland in Form von Festgeld- und/oder Tagesgeldkonten vornehmen.

Das **vierte** und letzte Segment lautet (sonstige FinTechs). Unter diesem Anwendungsfeld werden alle FinTech-Unternehmen aufgelistet, welche nicht eindeutig den drei zuvor genannten Segmenten des Bankensektors zugeordnet werden können. Hierunter zählen Such- und Vergleichsportale wie die Check24 GmbH, die sich z. B. auf das Vergleichen von unterschiedlichen Finanzdienstleistungen spezialisiert hat oder die Vermittlung von Versicherungen.

Neben diesen genannten Haupt- und Untersegmenten der vier Kategorien existieren noch weitere Teilsegmente in den jeweiligen Geschäftsfeldern, auf die jedoch, um eine Komplexitätsreduzierung und eine Konzentration auf das Hauptthema der Arbeit zu gewährleisten, nicht eingegangen wird. Zur Vervollständigung und Übersicht aller nicht erwähnten weiteren Teilsegmente dient die folgende Grafik.

---

[42] Vgl. *Dorfleitner, G., Hornuf, L.,* FinTech und Datenschutz, 2019, S. 5.

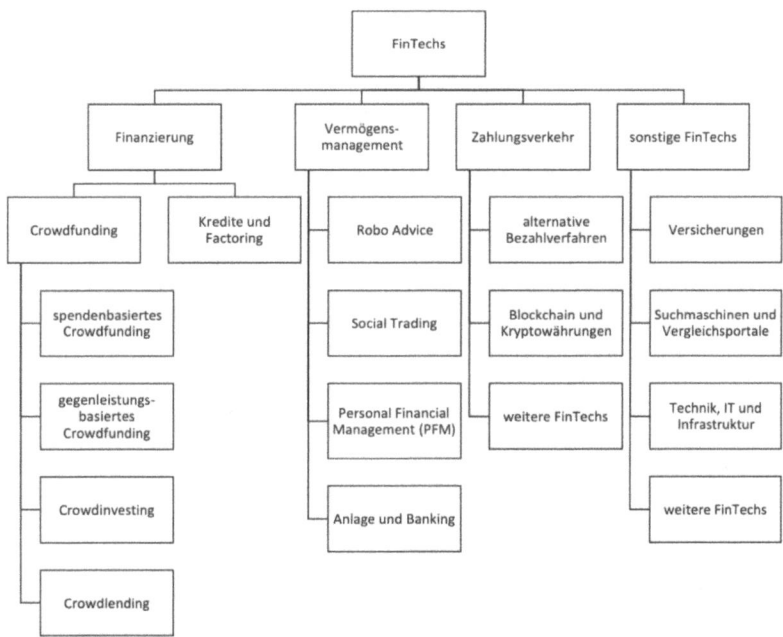

Abbildung 1: FinTech-Segmente
Quelle: In Anlehnung an Dorfleitner, G. et al., FinTech-Markt in Deutschland, 2016,
S. 11.

Darüber hinaus wird der Begriff FinTech auch oft in Verbindung mit dem Wort Startup genannt. Damit wird suggeriert, dass FinTech-Unternehmen noch sehr neu am Finanzmarkt sind und somit als Unternehmensgründungen gelten. Unter Startup-Unternehmen werden im allgemeinen junge Unternehmen verstanden, die mit einer innovativen Geschäftsidee gegründet werden. In Bezug auf FinTechs sind damit Unternehmen aus der Finanztechnologiebranche zu verstehen.

Das FinTech-Unternehmen immer mehr an Bedeutung gewinnen ist auch daran zu sehen, dass das Bundesministerium für Finanzen im März 2017 einen FinTech-Rat etabliert hat, dem 20 Personen bei der Gründung und gegenwärtig 29 Mitglieder angehören.[43]

---

[43] Vgl. *Bundesministerium der Finanzen*, Zwei Jahre FinTechRat, 2019, o. S.

Dieser Rat, der sich aus Expertinnen und Experten zusammensetzt, die sich mit Digitalisierungsfragen beschäftigen, hat die Aufgabe zwischen Politik, Wirtschaft und Wissenschaft einen erfolgreichen Dialog einzurichten, um Chancen in Deutschland bezüglich der Digitalisierung zu nutzen und damit auch in Europa wettbewerbsfähig zu sein.[44]

2.3 Robo-Advisor

Neben der traditionellen Anlageberatung oder Vermögensverwaltung gewinnt die digitale Form eine zunehmend größere Bedeutung am Markt und wird neben Robo-Advisor auch „Automated Investment Platform" oder als „Digital Wealth Manager" bezeichnet.[45] Der Begriff Robo-Advisor (wörtlich Beratung durch Roboter) zählt in der Finanzindustrie zu den Investitions- oder Geldanlageangeboten von FinTechs.[46] Wird der Begriff jedoch wörtlich verstanden, ist schnell erkennbar, dass es sich um ein Kunstwort handelt. Das Wort „Robo" bedeutet Roboter bzw. Maschine mit einer menschlichen Gestalt.[47] „Advice" heißt übersetzt Beratung. Robo-Advisors sind nicht einheitlich definiert und somit kein gesetzlich festgelegter Terminus.[48] Der Begriff stammt aus den United States of America (USA), dort wird der Robo-Advisor erfunden und revolutioniert die amerikanische professionelle Vermögensverwaltung. Die ersten Robo-Advisors am Markt in den USA sind Wealthfront Inc. und Betterment Inc., die jeweils im Jahr 2008 gegründet werden.[49] Explizit definiert wird der Begriff Robo-Advisor in den Leitlinien der European Securities and Markets Authority (ESMA) als „provision of investment advice or portfolio management services ... through an automated or semi-automated system used as a client-facing tool."[50] Generell wird unter Robo-Advisor ein digitaler, größtenteils automatisierter Prozess verstanden, welcher auf Basis von Algorithmen Anlageentscheidungen bzw. Empfehlungen für Anleger trifft.[51] Robo-Advisors umfassen eine digitale Dienstleistung für eine Geldanlageberatung und die automati-

---

44   Vgl. ebd.
45   Vgl. *Bloch, T., Vins, O.*, Robo Advice - die Zukunft der Geldanlage, 2016, S. 175.
46   Vgl. *Fischer, M.*, Robo Advisory und automatisierte Vermögensverwaltung, 2017, S. 184.
47   Vgl. *Cocca, T. D.*, Was Robo Advisors noch nicht können, 2017, o. S.
48   Vgl. *Altmann, M., Becker, T.*, BaFinTech 2016 Workshop 3, 2016, S. 4.
49   Vgl. *Niederkorn, A.*, Wealthfront Betterment Deutschland, 2019, o. S.
50   *European Securities and Markets Authority*, Guidelines MiFID II, 2018, S. 33.
51   Vgl. *Day, M.-Y., et al.*, AI Robo-Advisor with Big Data Analytics for Financial Services, 2018, S. 1028.

sierte Vermögensverwaltung.[52] Menschliche Eingriffe in diesen Prozess entfallen nahezu vollständig.[53] Somit verfolgen Robo-Advisor das Ziel die Aufgaben eines Finanzberaters durch Digitalisierung zu ersetzen. Die Anlageempfehlung ist in der Regel (i. d. R.) neutral, rational und wird durch keinen Interessenskonflikt beeinflusst, der bei einer persönlichen Beratung zumindest im Bereich des Möglichen liegt. Durch den hohen Grad an Automatisierung, gepaart mit Anlageentscheidungen, zumeist mithilfe von kostengünstigen passiven Investments (z. B. Exchange Traded Funds (ETFs)/Indexfonds), kann diese neue Anlageform für den privaten sowie institutionellen Anleger eine günstigere Alternative gegenüber den klassischen Anlageformen der Banken sein. Darüber hinaus sind aufgrund der Entwicklung und Implementierung der Robo-Advisor-Plattform Skalierungseffekte erzielbar. Ein zusätzlich nicht zu unterschätzender Vorteil bei der Nutzung von Robo-Advisors ist, dass sie 24 Stunden/ 7 Tage genutzt werden können.

Grundsätzlich lassen sich Robo-Advisor-Anbieter in drei unterschiedliche Marktbereiche unterteilen. Erstens der Fokus auf Business-to-Business (B2B), zweitens der Fokus auf B2C und drittens auf beide Marktbereiche B2B und B2C.[54] Wie in der Abgrenzung der Arbeit bereits erwähnt wird, beschränkt sich die Untersuchung und Analyse der FinTech Robo-Advisors auf den Marktbereich B2C. Neben den Marktbereichen gibt es auch vier unterschiedliche Stufen von Robo-Advisors.[55] Diese vier Stufen sind nach ihren Services und Angeboten untergegliedert.

Die **erste** Servicestufe (Self-Service-Robos) bietet dabei nur ein Robo-Advisor Auswahl-Tool, in dem den Anlegern nach Beantwortung von Fragen zu ihrem Anlageverhalten und ihrer Risikopräferenz eine Auswahl an zutreffenden Wertpapieren aufgezeigt wird. Dies erfolgt alles online. Es wird jedoch keine Kauftransaktion oder Verwahrung vorgenommen. Die BaFin spricht hier von einer automatisierten Anlageberatung.[56] Um dieses erweiterte Serviceangebot wahrzunehmen ist die **zweite** Servicestufe (Half-Service-Robos) der Robo-Advisors notwendig. In dieser Servicestufe wird dem Investor neben der Wertpapierauswahl auch die Eröffnung des Depots, die Kauftransaktionen, sowie die Verwahrung angeboten. Eine

---

[52] Vgl. *Fischer, M.*, Robo Advisory und automatisierte Vermögensverwaltung, 2017, S. 184.

[53] Vgl. *Nickel, H.*, Anlageberatung am Finanzplatz Deutschland, 2018, S. 196.

[54] Vgl. *Wangler, K., et al.*, Robo-Advisory Wertpapierberatung digital gestalten, 2018, S. 10.

[55] Vgl. *Deloitte GmbH Wirtschaftsprüfungsgesellschaft*, The expansion of Robo-Advisory in Wealth Management, 2016, S. 2 f.

[56] Vgl. *Bundesanstalt für Finanzdienstleistungsaufsicht*, Automatisierte Finanzportfolioverwaltung, 2016, o. S.

Verwaltung im Sinne von Anpassungen (Kauf- und Verkaufstransaktionen) im Portfolio, aufgrund sich verändernder Marktgegebenheiten, erfolgt in diesem Servicelevel nicht. Hintergrund ist, das kurzfristig am Markt vorhandene FinTech-Unternehmen zumeist hierfür keine notwendige Asset Management Lizenz vorweisen können. Diese beiden ersten Servicestufen werden von der BaFin als „Robo-Advisor-Plattformen" bezeichnet, wobei letztendlich in jedem Level auf eine webbasierte Plattform zurückgegriffen wird.[57] In der **dritten** Servicestufe (Full-Service-Robos), in der sich aktuell die meisten Robo-Advisor-Anbieter befinden, ist diese Vermögensverwaltungslizenz vorhanden. FinTechs können ohne gesonderte Einwilligung ihrer Anleger innerhalb des Portfolios Umschichtungen vornehmen. Es handelt sich hierbei um einen automatisierten Prozess für regelmäßige Portfolioanpassungen. Die FinTechs bieten ihren Kunden eine professionelle Verwaltung bei geringen Kosten an.[58] Diese Form der Geldanlage wird unter dem Begriff der „automatisierten Finanzportfolioverwaltung" verstanden.[59] Zu dieser Verwaltungsform bedarf es nach § 32 Absatz 1 Kreditwesengesetz (KWG) einer Erlaubnis seitens der BaFin.[60] Die **vierte** und letzte Servicestufe ist zum gegenwärtigen Zeitpunkt noch durch unterschiedliche Verfahren und Methoden der Anbieter geprägt. Dieses Servicelevel setzt auf lernende Algorithmen, Portfolioanpassungen auf Echtzeitmarktdaten, dynamische Risikomodelle und ein erweitertes Produktportfolio.

Grundsätzlich ist bei den verschiedenen Robo-Advisor-Plattformen zu prüfen, ob sie einer Erlaubnispflicht nach § 32 KWG unterliegen. Hierbei ist zwischen den Anlageformen Anlageberatung, Anlagevermittlung und Abschlussvermittlung zu unterscheiden. Oft hängt die erbrachte Robo-Advisor Leistung aber vom Einzelfall ab, ob die Dienstleistung erlaubnisfrei ist oder nicht. Wenn erlaubnispflichtige Anlageformen vorliegen, müssen auch die Verhaltenspflichten des entsprechenden Wertpapierhandelsgesetzt (WpHG) erfüllt werden.[61]

---

[57] Vgl. *Bundesanstalt für Finanzdienstleistungsaufsicht*, Robo-Advice und Auto-Trading, 2016, o. S.

[58] Vgl. *Moulliet, D., Völker, T.*, Marktüberblick, 2018, o. S.

[59] Vgl. *Bundesanstalt für Finanzdienstleistungsaufsicht*, Automatisierte Finanzportfolioverwaltung, 2016, o. S.

[60] Kreditwesengesetz in der Fassung der Bekanntmachung vom 9. September 1998 (BGBl. I S. 2776), letzte Änderung des Gesetzes vom 12. Dezember 2019 (BGBl. I S. 2637).

[61] Vgl. *Bundesanstalt für Finanzdienstleistungsaufsicht*, Robo-Advice und Auto-Trading, 2016, o. S.

Der erste Robo-Advisor tritt im Jahr 2012 am deutschen Markt auf, welcher seither stetig wächst.[62] Anfang des Jahres 2019 sind auf dem deutschen Finanzmarkt mehr als 30 verschiedene Robo-Advisor-Anbieter tätig.[63] Dabei ist das Spektrum der Robo-Advisors von der reinen Wertpapierauswahl, bei der dem Anleger keinerlei Entscheidung zur finalen Anlageentscheidung abgenommen wird, über die vollkommene Verwaltung des Portfolios und eventuellen Portfolioumschichtung breit gefächert.

Grundsätzlich wird bei der automatisierten Vermögensverwaltung zwischen einem aktiv und passiv gemanagten Portfolio unterschieden. Bei einem aktiven Management werden vermehrt unterjährig Umschichtungen, aufgrund von Veränderungen am Finanzmarkt, durchgeführt, um eine bessere Performance zu erzielen. Beim passiven Management erfolgt keine Umschichtung. Oftmals erfolgt nur ein kontinuierliches passives (Risiko-) Management bei einzelnen Robo-Advisor Anbietern in der Form, dass ein Rebalancing des Portfolios, zum Teil automatisiert aufgrund festgelegter Trigger-Parameter, zu eigens definierten Zeitpunkten stattfindet.[64] Dies ist erforderlich, damit die Portfoliostruktur auch in einer späteren Phase noch mit der vom Kunden zuvor ausgewählten Risikokategorie übereinstimmt und keine Über- oder Untergewichtung einzelner Werte, durch vorhandene Marktbewegungen, im Portfolio entstehen. Die Kosten können zwar durch diesen Prozess auf der einen Seite für den Anleger steigen, aber auf der anderen Seite ist dieses Rebalancing ein wichtiges Instrument für die Robo-Advisors. Nur so kann gewährleistet werden, dass die Orientierung an den Risiko- und Anlagepräferenzen der Anleger mit den Portfoliomodellen übereinstimmt. Die Anzahl der Portfoliostrukturen, in die jeder Kunde anhand seiner Risikopräferenz und Anlageziele zu Anfang eingeordnet wird, schwankt dabei je nach Anbieter von 3–30 Kategorien.[65]

Insgesamt lässt sich feststellen, dass alle aktuell am Markt agierenden Robo-Advisors verschiedene Attribute in der Form der Geldanlage aufweisen. Die Vielzahl unterschiedlicher Portfolio-Optimierungsmodelle, um ein gutes Rendite-Risiko-Verhältnis zu erwirtschaften, spiegelt sich in den verschiedenen Geschäftsmodellen

---

[62]   Vgl. *Madel, T. B.*, Robo Advice, 2019, S. 33.
[63]   Vgl. *Zinnecker, S.*, Digitale Anlagehilfe gegen Aufpreis, 2019, o. S.
[64]   Vgl. *Gulden, J.*, Automatisierte Geldanlage, 2019. S. 62.
[65]   Vgl. ebd.

der FinTech-Unternehmen wider.[66] Als Basis hierfür dient bei vielen Robo-Advisors die Portfoliotheorie von Harry M. Markowitz, welcher bereits in den 50er Jahren den Grundstein für das Asset Management bzw. die Asset Allocation in seiner Portfoliotheorie legt. Ziel dieser Theorie ist es, die zu erwartende Rendite bei gegebenem Risiko zu maximieren oder das Risiko gegenüber der zu erwarteten Rendite zu minimieren.[67] Neben den aufgezählten Unterschieden in den Geschäftsmodellen, den Portfoliozusammensetzungen und dem Rebalancing-Vorgehen, sind sich die Robo-Advisor-Anbieter in den Parametern geringe Kosten, passive Investmentlösungen und einem geringen notwendigen Startkapital sehr ähnlich.

Der aktuell größte Robo-Advisor Anbieter in Deutschland ist Scalable Capital (Stand 04/ 2020) mit einem Asset under Management (AuM) von über zwei Mrd. € und über 60.000 Kunden.[68]

Bezüglich der Zielgruppe, die die Dienstleistung von Robo-Advisor-Anbietern in Anspruch nimmt, gibt es bisher nur sehr wenig sozioökonomische Informationen. Generell wird die Generation Y (Digital Natives Geburtsjahr 1984 bis 1994) diesbezüglich angeführt. Eine statistische Erhebung von KPMG belegt aber, dass die Nutzung des Robo-Advisor-Services unabhängig von der Altersstruktur gesehen werden kann.[69]

Laut einer Untersuchung der DB ist der Kunde jedoch durchschnittlich 48 Jahre alt, männlich mit einem Median Einkommen von 54.000 € p. a. Seine jährliche Investition in ein Robo-Advisor-System beträgt 1.000 € bis 1.500 €.[70]

2.4 Asset Management und Wealth Management

Durch die voranschreitende Digitalisierung gewinnt der englischsprachige Sammelbegriff Asset Management auch in Deutschland innerhalb der Finanzbrache immer mehr für alle Formen der Kapitalanlage an Bedeutung. Dies lässt sich damit erklären, dass in der Vergangenheit das Asset Management nur von institutionellen Anlegern und von Privatpersonen mit hohem Vermögen in Anspruch genommen

---

[66] Vgl. *Die Bank*, Robo Advisors im Vergleich, 2017, S. 58.
[67] Vgl. *Fabozzi, F. J., Markowitz, H.*, The theory and practice of investment management, 2011, S. 46 ff.
[68] Vgl. *Scalable Capital Vermögensverwaltung GmbH*, Digitale Vermögensverwaltung Scalable Capital, 2020, o. S.
[69] Vgl. *KPMG AG*, Ten2Digital - Robo Advisory, 2018, S. 12.
[70] Vgl. *Kaya, O.*, Deutsche Robo-Advisors, 2019, S. 3.

wird. Mit Hilfe der Digitalisierung werden jetzt kostengünstigere Alternative (Robo-Advisors) am Markt von FinTechs und Banken angeboten, die bereits ab einem Anlagekapital von durchschnittlich 5.000 € genutzt werden können und somit viele zusätzliche Zielgruppen ansprechen. Das Asset Management ist dadurch einem wachsenden größeren Wettbewerb ausgesetzt in einer zunehmend komplexeren und vernetzten Welt.

Der Sammelbegriff Asset Management besteht aus den beiden Wörtern „Asset" und „Management". Das Wort „Asset" heißt unter anderem wörtlich übersetzt Vermögen, Kapital, Finanzvermögen oder Anlage. „Management" wird mit Führung, Leitung, Steuerung oder auch Verwaltung übersetzt. Eine sinnvolle deutsche Übersetzung ist demnach z. B. die Verwaltung des Vermögens. Bankaufsichtsrechtlich lautet die korrekte Bezeichnung „Finanzportfolioverwaltung", da nicht nur Musterallokationen und Anlageratschläge aufgezeigt werden, sondern auch nach Eröffnung des Depots und Beratung unterjährig Kauf- und Verkaufstransaktionen vom Vermögensverwalter getroffen werden, ohne bei jeder Transaktion eine erneute Zustimmung vom Anleger zu benötigen.[71]

Im KWG wird die Finanzportfolioverwaltung bzw. Vermögensverwaltung näher spezifiziert. Unter Bezugnahme von § 1 Abs. 1a Satz 2 Nr. 3 KWG werden hierbei die folgenden vier Tatbestände ersichtlich:[72]

1. Verwaltung einzelner Vermögen
2. Anlage in Finanzinstrumente
3. Anlage für andere Personen
4. Eigener Entscheidungsspielraum

Bei der Verwaltung einzelner Vermögen ist bereits die einmalige Verwaltungstätigkeit ausreichend um den oben aufgeführten Tatbestand KWG zu erfüllen. Dies ist gegeben, wenn der Anleger dem Verwalter die Entscheidungsgewalt innerhalb seines Depots gibt, Transaktionen eigenverantwortlich durchzuführen. I. d. R. handelt es sich nicht nur um eine Transaktion, sondern um regelmäßige Entscheidungen. Es wird deshalb von einer Dauerhaftigkeit ausgegangen.

---

[71] Vgl. *Bundesanstalt für Finanzdienstleistungsaufsicht*, Finanzportfolioverwaltung, 2018, o. S.

[72] Vgl. *Bundesanstalt für Finanzdienstleistungsaufsicht*, Finanzportfolioverwaltung, 2018, o. S.; Kreditwesengesetz in der Fassung der Bekanntmachung vom 9. September 1998 (BGBl. I S. 2776), letzte Änderung des Gesetzes vom 12. Dezember 2019 (BGBl. I S. 2637).

Unter dem Begriff Finanzinstrumente sind nach § 1 Abs. 11 KWG vor allem Aktien und auch Vermögensanlagen nach dem Vermögensanlagengesetz (VermAnlG) § 1 Abs. 2 und § 1 Abs. des Kapitalanlagegesetzbuch (KAGB) zu verstehen.[73] Unabhängig von der Anzahl der Finanzinstrumente im verwalteten Depot reicht ein Finanzinstrument bereits aus, um den Tatbestand „Anlage in Finanzinstrumente" zu erfüllen.

Sobald eine Verwaltungstätigkeit für eine andere Person, also nicht im eigenen Namen durchgeführt wird, wie es bei einer klassischen Vermögensverwaltung der Fall ist, ist auch der dritte Tatbestand erfüllt.

Der Letzte und zugleich wichtigste Tatbestand ist nach § 1 Abs. 1a Satz 2 Nr. 1a KWG, dass der Verwalter eigenmächtig Anlageentscheidungen (z. B. Kauf- und Verkaufstransaktionen) treffen und durchführen darf. Sein Entscheidungsspielraum ist demnach nicht an eine spezielle Tätigkeit weisungsgebunden.

Generell lässt sich das Asset Management, wie in der Abgrenzung der Arbeit bereits erwähnt, in folgende Differenzierungskriterien unterteilen:

Erstens den **Anlegerkreis**, welcher auf private, zumeist stark vermögende, Kunden ausgelegt ist (Vermögensmillionäre), wobei je nach Banken und nach dessen Definitionen diese Privatanleger in die Kundensegmente Private Banking und Wealth Management unterschieden werden.

Zweitens die **Mitwirkung des Anlegers**, in der auf die Bedürfnisse des Kunden bzgl. der Anlageform eingegangen wird.

Drittens das **Anlageziel**, indem gemeinsam mit dem Kunden dieses definiert und festgelegt wird.[74] Das Anlageziel variiert von Kunde zu Kunde und lässt sich in zwei Untergruppen „Altersvorsorge" und „sonstige Ziele" unterteilen.

Im Asset Management wird zwischen einer individuellen und einer standardisierten Vermögensverwaltung unterschieden. Eine standardisierte Vermögensverwaltung ist gegeben, wenn der Anleger aus einem Pool von Anlagestrategien wählt und Strukturanpassungen dieser gewählten Strategie für alle Anleger gleichermaßen

---

[73] Kreditwesengesetz in der Fassung der Bekanntmachung vom 9. September 1998 (BGBl. I S. 2776), letzte Änderung des Gesetzes vom 12. Dezember 2019 (BGBl. I S. 2637); Vermögensanlagengesetz vom 6. Dezember 2011 (BGBl. I S. 2481), letzte Änderung des Gesetzes vom 8. Juli 2019 (BGBl. I S.1002); Kapitalanlagegesetzbuch vom 4. Juli 2013 (BGBl. I S. 1981), letzte Änderung des Gesetzes vom 12. Dezember 2019 (BGBl. I S. 2637).

[74] Vgl. *Jacob, M.*, Asset Management, 2012, S. 14 f.

umgesetzt werden. Bei der individuellen Vermögensverwaltung hingegen wird das Portfolio grundsätzlich nach den persönlichen Anforderungen und einer individuellen Strategie des Kunden gemanagt. Als Anlageinstrumente für beide Kapitalanlagen fokussiert sich das Asset Management hauptsächlich auf die Geldanlage in Finanzanlagen, Sachanlagen, Fonds und Derivate.[75] Auf eine weitere Unterteilung wie z. B. bei Finanzanlagen in Stammaktien, Vorzugsaktien oder Namensaktien, die in der Literatur und Praxis häufig vorkommt, wird nicht näher eingegangen, da sie auf die Untersuchung der Arbeit keinen Einfluss hat.

Neben einer Vielzahl von Synonymen für den Sammelbegriff Asset Management, wie z. B. Investment Management oder Anlagemanagement, wird von den Privatbanken oftmals der Begriff Wealth Management in Verbindung mit Asset Management und Private Banking genannt. Die englische Bezeichnung Wealth Management ist in der Literatur nicht eindeutig definiert und auch in den einzelnen untersuchten Banken werden dem Begriff unterschiedliche Merkmale zugeordnet. Laut Nigsch sind wesentliche Merkmale des Wealth Management unter anderem vermögende Kunden, individuelle Beratung und persönliche auf die Lebenssituation bezogene Finanzdienstleistungsangebote.[76] Neben diesen Merkmalen wird bei engerer Auslegung dieser Begriff allerdings nur als ein Kundensegment bzw. eine Betreuungsform gesehen, währenddessen Asset Management als Bereich für Vermögensverwaltung bezeichnet werden kann.

Seit einigen Jahren gehen Kreditinstitute dazu über den Privatkundenmarkt in primär drei unterschiedliche Kundensegmente aufzuteilen. Neben dem klassischen Retail Banking Segment (Massengeschäft), in dem anhand der Digitalisierung versucht wird die zumeist identischen und unkomplizierten Kundenbedürfnisse mithilfe von standardisierten Produkten abzubilden, dem Private Banking (Affluent-Kunden), in dem bereits eine höhere Produkt- und Beratungsvielfalt angeboten wird, ist das Kundensegment Wealth Management von einem hohen Grad an Individualisierung gepaart mit einer Kundenbetreuung, oftmals einzelner Spezialisten für Teilbereiche, geprägt. Hintergrund der Differenzierung der Kundensegmente ist der Versuch zur Implementierung einer zielgerichteten und effizienten Angebots- und Kostenstruktur. Die dezidierte Unterteilung der Kundensegmente wird in der Literatur auch als Marktsegmentierung bezeichnet.[77] Diese Aufteilung der

---

[75] Vgl. *Jacob, M.*, Asset Management, 2012, S. 21.
[76] Vgl. *Nigsch, M.*, Das Wealth-Management-Team in der Kundenbetreuung, 2010, S. 14.
[77] Vgl. *Faust, M.*, Private Banking und Wealth Management, 2019, S. 5.

Kunden in unterschiedliche Marktsegmente kann aufgrund vielseitiger Merkmale unter anderem in psychografische Kriterien (z. B. Risikoneigung und Lebensstil), Charakteristika des Kundenverhaltens (Bedürfnisse des Kunden) und sozio-ökonomische Kriterien (liquides Vermögen und Einkommen) erfolgen.[78] Letzteres wird in der Praxis i. d. R. aufgrund einer Komplexitätsreduzierung von den Banken für die Einteilung ihrer Kunden in das jeweils passende Segment angewendet, da hierbei eine Ableitung vom Vermögen und Einkommen auf die individuellen Kundenbedürfnisse und die damit verbundene notwendige Produktvielfalt sowie die Komplexität des Beratungsbedarfs erfolgt.[79] In der Literatur ist keine einheitliche Definition bzgl. der Kundensegmente Private Banking und Wealth Management zu finden. Zudem findet in der Praxis die sozio-ökonomische Abgrenzung bankenspezifisch statt, welches eine eindeutige Zuordnung dieser einzelnen Kundensegmente zusätzlich verkompliziert.

---

[78] Vgl. *Swoboda, U. C.*, Retail-Banking und Private Banking, 2004, S. 142.
[79] Vgl. *Brost, H., et al.*, Private Banking und Wealth Management, 2019, S. 5.

3 Aktuelle Marktsituation

In Deutschland ist ein gravierender Umbruch im Bankensektor feststellbar. Dies ist begründet in dem sich zunehmend verändernden Kundenverhalten und den technologischen Innovationen am Markt.[80] Der digitale Transformationsprozess im Finanzsektor ist durch die stetige Zunahme von FinTech-Unternehmen unverkennbar. Viele dieser FinTechs mit ihren digitalen Produkten und Dienstleistungen werden von den Banken übernommen oder kooperieren mit diesen. Es lässt sich aber auch feststellen, dass FinTechs sich am Markt mit ihren Strategien etablieren und konsolidieren. Die immer größer werdende Anzahl von FinTech-Gründungen mit innovativen digitalen Finanzlösungen generiert ein veränderndes Kundenverhalten in der Bankenbranche und stellt die traditionellen Banken vor große Herausforderungen, da der Markt einem hohen Innovationsgrad unterworfen ist.

In den nächsten Abschnitten werden Veränderungen im Kundenverhalten, die aktuellen Ist-Situationen am FinTech-Markt und im Asset Management durch die Digitalisierung vorgestellt, sowie der Einfluss auf das Kundensegment Wealth Management. Dabei wird die Digitalisierung als ein integrierter Bestandteil des Produkt- und Dienstleistungsangebotes angesehen, dem sich das Asset Management nicht widersetzen kann. Es soll verdeutlicht werden, dass fortschreitende Digitalisierungsprozesse als Chance gesehen werden können, um zusätzliche Kundengruppen im Asset Management durch Robo-Advisor zu gewinnen. Im Weiteren erfolgt ein Benchmark-, Performance-, und Kostenvergleich der beiden Untersuchungsgruppen bzgl. der Vermögensverwaltung sowie ein daraus sich ableitendes Zwischenfazit.

3.1 Wandel im Kundenverhalten

Der Wandel im Kundenverhalten kann nicht nur an dem Punkt der Digitalisierung festgemacht werden, obwohl in der Öffentlichkeit immer wieder angeführt. Vielmehr sind es einerseits Megatrends, die in Form der immer größer werdenden Anzahl von FinTechs zu beobachten sind, die einzelne Wertschöpfungsketten der etablierten Banken angreifen und die Marktgegebenheiten, die durch die Finanz- und Wirtschaftskrise entstanden sind, welche Auswirkungen haben, dass Kunden andere Anforderungen an ihre Bank stellen bzw. eine höhere Transparenz bei ihren Bankgeschäften erwarten. Zum anderen existiert immer noch seit der Finanzkrise

---

[80] Vgl. *Friedrich, H., Schiefelbein, M.*, Finanzwelt im Umbruch, 2013, S. 51.

in den Jahren 2008/2009 ein vorherrschendes globales Misstrauen gegenüber den Geldhäusern, welches nur sehr langsam abgebaut werden kann. Im jährlichen Trust Barometer der Kommunikationsagentur Edelman GmbH, welche in 28 Ländern jeweils 1150 Personen aus der Bevölkerung und 200 weitere Meinungsführer nach dem Vertrauen in unterschiedliche Institutionen befragt, zeigt der 5-Jahresvergleich (2015–2019) bei den Financial Services, worunter auch Banken zählen, zwar einen kontinuierlichen Trend seit dem Jahr 2015 nach oben mit +8 Punkten von 49 auf 57 Punkte. Allerdings ist diese Industriegruppe im Vergleich zu sieben anderen mit Abstand die schlechteste und befindet sich laut der Definition in dieser Umfrage als einzige Industriegruppe nur im „neutralen Vertrauensbereich".[81] Bei spezifischer Betrachtung, ausschließlich auf das Ergebnis des Vertrauensbarometers der Banken im Marktbereich Deutschland, wird deutlich, dass ein Anstieg von 39 auf 49 Punkten zu verzeichnen ist, allerdings sich der Bankensektor damit immer noch im *distrust* Bereich befindet.[82] Auch jüngste Ereignisse zeigen, dass Banken weiterhin bereit sind das Vertrauen ihrer Kunden aufs Spiel zu setzen oder sogar diese Basis vollkommen zu zerstören. So haben einige Banken im vierten Quartal 2019 langfristig hoch dotierte Sparverträge mit ihren Kunden gekündigt, da ihnen diese Verträge aufgrund der anhaltenden Niedrigzinspolitik der EZB zu teuer werden.[83] Durch solche Maßnahmen, gepaart mit immer wieder höheren Gebühren z. B. im Zahlungsverkehr, müssen die etablierten Banken aufpassen, dass sie nicht eine langjährige Kundenbasis und das damit teilweise noch vereinzelt vorhandene blinde Vertrauen zum Bankberater verlieren, da dies oftmals einer der wenigen Punkte ist, weshalb Kunden noch nicht zu anderen Banken oder anderen Dienstleistern gewechselt sind. Das Asset Management bleibt von diesem Wandel im Kundenverhalten nicht verschont.

Neben der auch in den kommenden Jahren anhaltenden stärkeren Volatilität auf den Finanzmärkten, begründet durch die Änderungen in der Real- und Notenbankpolitik, ist auch der demografische Wandel ein immanenter Einflussfaktor, wenn es um das sich ändernde Kundenverhalten geht und wie sich die Banken in Zukunft darauf einstellen müssen. Die Grundgesamtheit der deutschen Bevölkerung wird dabei durch die drei demografischen Parameter Geburtenraten, Sterbefälle und Wanderungssaldo (Differenz zwischen Zuzügen nach und Fortzügen aus

---

[81] Vgl. *Edelman GmbH*, Trust Barometer Financial Services, 2019, S. 8.

[82] Vgl. *Edelman GmbH*, Trust Barometer Financial Services, 2019, S. 35.

[83] Vgl. *Freiberger, H.*, Banken verspielen das Vertrauen ihrer Kunden, 2019, o. S.

Deutschland) beeinflusst.[84] Die aktuelle Ausgangslage, dass die Altersstruktur schon lange keiner Pyramidenform entspricht, da die „Babyboom-Generation" in das höhere Alter hineinwächst, verstärkt den demografischen Wandel dahingehend, dass Deutschland eine zunehmend ältere Altersstruktur, speziell ab den Jahren 67+, aufweist.[85] Die Bevölkerungsschicht ab 67 Jahren wird bis Jahr 2040 um 78 % höher liegen als noch im Jahr 2013 (2013: 15,1 Mio. 2040: 27 Mio.).[86] Die 14. koordinierte Bevölkerungsvorausberechnung unter Berücksichtigung 30 verschiedener Varianten und Modellrechnungen des statistischen Bundesamtes bestätigt dies.[87] Zudem sinkt die Bevölkerungsschicht im erwerbsfähigen Alter von 20–66 Jahren bis zum Jahr 2035 voraussichtlich um 4–6 Mio. auf ca. 46–48 Mio.[88] Es ist nicht davon auszugehen, dass dieser Trend durch eine hohe Zuwanderung nach Deutschland beeinflusst wird. Durch diesen anhaltenden demografischen Wandel ändern sich die Anforderungen und Bedürfnisse der Kunden an die Finanzwelt. Wenn die Annahme zutreffen ist, dass die Zielgruppe, die dem Asset Management entspricht, im hohen Maße Personen sind ab ca. 50 Jahre aufwärts, wird dieses Klientel immer stärker in den nächsten Jahren internetaffin sein und die Digitalisierung als eine Grundvoraussetzung für ihre Bankgeschäfte ansehen. Eine entsprechende Anpassung der Banken an ihre Produkte im Asset Management werden somit heute bereits erwartet und müssen permanent angepasst werden an die digitale Entwicklung im Finanzsektor.

Auch das Thema Nachhaltigkeit, unter welchem u. a. ethische Kriterien, Klimawandel und ein sich grundsätzlich verändertes Konsumverhalten der Verbraucher gezählt werden kann, ist ein Grund für ein sich veränderndes Kundenverhalten bei Finanzgeschäften. Die Geldanlage unter den Aspekten sozial und ökologisch ist heute noch nicht sehr verbreitet, jedoch gewinnen die Begrifflichkeiten ethisch und nachhaltig langsam an Bedeutung.[89] Ethische Geldanlagen sind vor allem davon geprägt, dass dem Anleger die konkreten Auswirkungen der Geldanlage bewusst sind. Aus ökonomischer Sichtweise sind dies z. B. Gewinne, welche auf Basis

---

[84] Vgl. *Statistisches Bundesamt*, Demografische Aspekte, 2019, o. S.

[85] Vgl. *Bundesinstitut für Bevölkerungsforschung*, Immer mehr ältere Menschen in Deutschland, 2019, o. S.

[86] Vgl. *Statistisches Bundesamt*, Alterung der Bevölkerung, 2016, o. S.

[87] Vgl. *Bundesinstitut für Bevölkerungsforschung*, Bevölkerungszahl nimmt noch zu, 2019, o. S.

[88] Vgl. *Statistisches Bundesamt*, Bevölkerung im Erwerbsalter sinkt, 2019, o. S.

[89] Vgl. *Gabriel, K.*, Ethik in der Geldanlage: Grundlagen, Kriterien und Herausforderungen, 2014, S. 23.

langfristiger Produktions- und Investitionsstrategien statt auf kurzfristiger Gewinnmaximierung beruhen, deren Gewinnerzielung im Einklang mit Investitionen mit erneuerbaren Ressourcen zu sehen ist.[90] Die BaFin definiert den Begriff der nachhaltigen Geldanlage, neben den klassischen ökonomischen Kriterien wie Liquidität, Risiko und Rentabilität, mit zusätzlichen Parametern wie Umwelt, Soziales und guter Unternehmensführung.[91] Der Aspekt Klimaschutz wird am meisten im Zusammenhang mit Nachhaltigkeit genannt, so eine Umfrage der BaFin, gefolgt von „Menschenrechte einhalten", „Umweltschutz fördern" und „Armut und Hunger bekämpfen".[92] Rund 87 % der 398 befragten Anleger, welche in den nächsten sechs Monaten mindestens 1.000 € anlegen möchten, sind bereit in nachhaltige Geldanlagen mit den soeben genannten Motiven zu investieren.[93] Für die kommenden Jahre wird sich das Bewusstsein für diese Geldanlageformen und stärkeren Ausrichtung auf Nachhaltigkeit weiter erhöhen. Dies betrifft sowohl die Aufnahme von z. B. Nachhaltigkeitsfonds als auch den neu etablierten Deutschen Aktienindex (DAX) 50 Environment, Social, Governance (ESG), dem 50 Unternehmen angehören.[94] In diesem Zusammenhang gewinnt die Bezeichnung „grüne Geldanlage" an Popularität.

Der sicherlich größte Einflussfaktor und oft zitierte zentrale Megatrend ist die Digitalisierung in Bezug auf den Finanzsektor. Die Möglichkeit überall und zu jeder Zeit 24 Stunden/7 Tage mithilfe von *Smartphones* und *Wearables* vernetzt zu sein, ermöglicht es allen Marktteilnehmern Informationen zu sammeln und zu generieren, wodurch eine immer stärkere Transparenz und somit Vergleichbarkeit auch unter den Finanzdienstleistern entsteht.[95] Bereits heute nutzen mehr als 43 % der deutschen Bevölkerung die mobile Verfügbarkeit des Internets durch mobile Endgeräte.[96] Dies hat im Kundenverhalten die Auswirkung, dass jederzeit Gebühren, Angebote und Provisionen verglichen werden können, wodurch eine Berechnung von zusätzlichen Gebühren kaum noch möglich ist. In der heutigen Gesellschaft werden Erfahrungen, die vor allem von der Generation Y mit Finanzdienstleistern

---

[90] Vgl. *Gabriel, K.*, Ethik in der Geldanlage: Grundlagen, Kriterien und Herausforderungen, 2014, S. 31.

[91] Vgl. *Röstel, D.*, Wie sicher ist nachhaltig? 2019, S. 26.

[92] Vgl. *Röstel, D.*, Wie sicher ist nachhaltig? 2019, S. 27.

[93] Vgl. ebd.

[94] Vgl. *Henk, A., Holthaus, J.-U.*, Zukunftsorientierte Neuausrichtung des Vertriebs, 2015, S. 63.

[95] Vgl. *Henk, A., Holthaus, J.-U.*, Zukunftsorientierte Neuausrichtung des Vertriebs, 2015, S. 62.

[96] Vgl. *StatCounter*, Desktop vs Mobile vs Tablet, 2020, o. S.

gewonnen werden, als Kundenfeedback auf Social Media Plattformen hochgeladen und mit Freunden und der allgemeinen Öffentlichkeit geteilt, was zunehmend gravierende Auswirkungen auf die Banken, aber auch FinTechs hat, sowohl im positiven wie auch negativen.[97] Darüber hinaus hat sich das Abschluss- oder Kaufverhalten der Kunden zunehmend durch die Digitalisierung verändert. Unterschiedliche Kanäle werden im Kaufprozess genutzt und gegebenenfalls gewechselt. So tritt der Research Online Purchase Offline-Effekt (ROPO-Effekt) seit der Finanzkrise immer häufiger auf. Eine Studie der Gesellschaft für Konsumforschung (GFK) im Auftrag der Postbank und Google LLC ergibt, dass 49 % aller Käufer von Bankprodukten sich vorab über diese informieren.[98] Dies stellt zwar nicht sofort ein Problem für die Bank oder den Bankberater dar, doch der sich daraus entwickelnde Trend, dass immer mehr Kunden nicht nur online sich informieren, sondern dann auch dieses Produkt online abschließen, kann vor allem für das Asset Management zu einem Problem werden, wenn diese Entwicklung nicht als Chance wahrgenommen wird. Diese Erkenntnisse spiegeln sich auch in einer Studie der Firma Facit Digital GmbH und hmmh multimediahaus AG im Jahr 2019 wider, in der knapp 300 Personen aus unterschiedlichen Branchen über ihr Online-Kaufverhalten befragt werden. Das Ergebnis dieser Untersuchung ist, dass 52 % aller Befragten online nach Bankprodukten recherchieren und auch online diese Produkte abschließen.[99] Die Gründe, weshalb so viele Bankkunden sich lieber online über Bankprodukte informieren und diese dort abschließen, sind in der „Theory of planned behavior" (Theorie des geplanten Verhaltens) nach Ajzen begründet.[100]

Zusammenfassend sagt Ajzen, dass **Soziale Normen**, beeinflusst durch das Verhalten von Familie und Freunden, eine **erwartete Einfachheit**, dass z. B. der Onlinekauf von Bankprodukten jederzeit und einfacher durchgeführt werden kann und ein **erwarteter Nutzen**, in Form von Geldersparnissen, Zeitersparnissen und eine bessere Auswahl an Produkten, als Motive für eine Entscheidung und damit ein geplantes Verhalten, ausreichend sind.

Laut der Studie von Facit Digital GmbH und hmmh multimediahaus AG ist der erwartete Nutzen (Geld- und Zeitersparnis) der ausschlaggebende Faktor im Onlinekaufverhalten bei Bankprodukten und bietet eine bessere Auswahl gegenüber

---

[97] Vgl. *Dietrich, A.*, Social Media und Banking, 2018, o. S.

[98] Vgl. *Gesellschaft für Konsumforschung*, Research Online Purchase Offline, 2015, S. 11.

[99] Vgl. *Wörmann, M.*, Die Psychologie des digitalen Wandels, 2019, S. 6.

[100] Vgl. *Ajzen, I.*, The theory of planned behavior, 1991, S. 179–211.

einem Gespräch mit dem Bankberater.[101] Die durch die Digitalisierung neu entstehenden Instrumente, um Finanzprodukte darzustellen und zu nutzen, ermöglichen es innovativen Finanzdienstleistern (FinTechs), mit ihrer starken Konzentration auf die Digitalisierung, sich leichter im Markt zu platzieren. Neben den FinTechs stellen auch führende Technologiefirmen, sogenannte BigTechs (Apple Inc., Amazon.com, Inc., Google LLC und Facebook Inc.) zukünftig eine große Herausforderung für die Banken dar. Aufgrund ihrer enormen finanziellen Ressourcen und ihrem Technologie-Know-how haben sie die Voraussetzungen individuellere Finanzdienstleistungen im Asset Management am Markt anbieten zu können. Gegenwärtig sind diese BigTechs bereits schon mit innovativen Zahlungsverkehrslösungen am Markt etabliert, und weitere Aktivitäten z. B. in der Vermögensverwaltung sind zu beobachten. Laut dem World Wealth Report 2017 sind 56,2 % der vermögenden Kunden offen gegenüber Asset Management Angeboten der BigTechs, da sie mit ihnen Effizienz, Transparenz, Innovation und exzellente Online-Funktionen verbinden.[102]

Abschließend lässt sich festhalten, dass der heutige Kunde durch frei vorhandene und vor allem schnell zugängliche Informationen oftmals ein Kunde auf gleicher Augenhöhe mit dem Bankberater ist. Der Bankberater sitzt somit einem immer besser informierten Kunden gegenüber, wenn dieser das Produkt nicht bereits online abgeschlossen hat. Der Nutzen oder Vorteil eines Bankberaters im Asset Management wird für Banken immer schwieriger objektiv darzustellen. Für die Banken bedeutet dieses sich stark geänderte und noch weiter verändernde Kundenverhalten ein Hinterfragen ihrer aktuellen Vertriebsstrategien in allen Kundensegmenten und somit auch im Wealth Management. Der Auf- und Ausbau von digitalen Schnittstellen, kombiniert mit einer hohen Adaptionsgeschwindigkeit für die nächsten Jahre, wird ein unumgänglicher Transformationsprozess sein.

---

[101] Vgl. *Wörmann, M.*, Die Psychologie des digitalen Wandels, 2019, S. 20.
[102] Vgl. *Capgemini SE*, World Wealth Report, 2017, S. 5.

3.2 Marktetablierung FinTechs (Robo-Advisors)

Im Jahr 2012 geht mit der Firma Yavalu GmbH der erste Robo-Advisor an den deutschen Finanzmarkt.[103] In den Jahren 2013 und 2014 folgen die Robo-Advisors der Sutor Bank und Quirin Privatbank AG sowie die FinTechs Easyfolio GmbH, Cashboard GmbH und Vaamo Finanz AG.[104]

Wie bereits in Punkt 2.3 erklärt, lassen sich Robo-Advisor-Angebote in vier verschiedene Servicestufen innerhalb des Robo-Advisor-Asset Management unterteilen. Die Servicestufe drei der Robo-Advisors beinhaltet dabei aktuell die größte Konkurrenz zu den etablierten Privatbanken im Geschäftsfeld Asset Management und greift die Anlageberatung dieser Banken vermehrt an.[105] Durch die mittlerweile hohe Anzahl an Robo-Advisor Anbietern (ca. 35 Anbieter im Jahr 2019) ist der Privatanlegermarkt ein schnell wachsendes Geschäftsfeld im Bereich der Startups, in dem Innovationen schneller und kundenorientierter umgesetzt werden können als in den Großbanken mit ihren vielen Genehmigungsprozessen und Hierarchieebenen und somit zum Teil nicht zeitgemäßen Strukturen.[106] Obwohl unterschiedliches statistisches Datenmaterial existiert, FondsConsult Research AG spricht von den 25 größten deutschen FinTechs mit Robo-Advisors, die im Jahr 2018 (Stand: 09/2018) ca. 2.600 Mio. € Vermögen verwalten, werden in dieser Arbeit die Daten von Statista herangezogen, deren Erhebungszeitpunkt aktueller ist.[107] Laut Statista GmbH verwalten FinTech-Unternehmen mit Robo-Advisors im Jahr 2018 ein Vermögen von 3.942 Mio. € (Stand: 05/2019) mit steigender Tendenz (Prognose 2019: 7.492 Mio. €).[108] Das durchschnittlich angelegte Vermögen, bei einer Nutzerzahl von ca. 210.000 Kunden beträgt somit knapp 18.500 €.[109] Bis zum Jahr 2023 wird mit einem weiteren Wachstum des Vermögens auf 30.382 Mio. € gerechnet.[110] Trotz dieser optimistischen Zahlen beträgt der Anteil am

---

[103] Vgl. *Madel, T. B.*, Robo Advice, 2019, S. 33.

[104] Vgl. *Giesen, H.*, Vom Robo Advice zum Robo Wealth Management, 2016, 187–189.

[105] Vgl. *Hientzsch, R., Spanier, W.*, Asset Manager 2022, 2018, S. 4 f.

[106] Vgl. *Cofinpro AG*, Die eigene Organisation bremst Banken bei der Digitalisierung aus, 2017, S. 1.; *Armbrüster, C., et al.*, FinTech-Handbuch, 2019, S. 2138.

[107] Vgl. *Sälzle, R., Braml, H.*, Robo-Advisor Studie, 2018, S. 3.

[108] Vgl. *Statista GmbH*, Robo-Advisors - Entwicklung, 2019, o. S.

[109] Vgl. *Statista GmbH*, Robo-Advisors - Entwicklung des Anlagevolumens pro Nutzer weltweit bis 2023, 2019, o. S.; *Statista GmbH*, Robo-Advisors - Entwicklung der Nutzeranzahl in Deutschland bis 2023, 2019, o. S.

[110] Vgl. *Statista GmbH*, Robo-Advisors - Entwicklung, 2019, o. S.

verwalteten Privatgesamtvermögen in Deutschland im Jahr 2018 nur 0,4 % und stellt somit einen geringen Anteil am Markt dar, obwohl die durchschnittlich jährliche Wachstumsrate bei 60,3 % CAGR liegt.[111] Die absoluten Zahlen sind dabei aber nicht so sehr von Bedeutung wie die Stärke des Trends, der sich abzeichnet. Erklären lässt sich dieser Anstieg neben dem generellen Interesse an dieser digitalen Anwendung und den positiven Berichterstattungen in den Medien mit hoher Transparenz durch Performance-Analysen, die den Kunden zur Verfügung gestellt werden und Informationen über Anlagestrategien, sowie einer günstigeren Kostenstruktur gegenüber einer persönlichen Beratung im Asset Management.[112] Darüber hinaus können FinTech-Unternehmen mithilfe von Robo-Advisors durch Digitalisierung und niedrigem Kostenaufwand bereits eine Vermögensverwaltung ab durchschnittlich 5.000 € anbieten. Dadurch eröffnet sich einer größeren Bevölkerungsgruppe die Chance zu einer professionellen Geldanlage bzw. werden auch die Zielgruppen angesprochen, die im traditionellen Asset Management auf das Kundensegment Wealth Management beschränkt sind.[113] Ein weiterer nicht unwesentlicher Faktor bei der Nutzung von Robo-Advisors ist, dass der Zeitaufwand um eine Geldanlage vorzunehmen, im Vergleich zu einem klassischen Beratungsgespräch beim Bankberater, um ein Vielfaches geringer ausfällt. Laut einem Artikel von EY haben 59 % der befragten Wealth Management Kunden vor in den nächsten zwei bis drei Jahren digitale Anlageberatungen zu nutzen.[114] Dieser Trend beschränkt sich nicht nur auf die Zielgruppe der Generation Y.[115] Auch die gegenwärtig nicht so stark internetaffine Zielgruppe der über 60-jährigen, die je nach Vermögen auch dem Kundensegment Wealth Management angehören können, zeigt ein zunehmend größeres Interesse an digitalen Anlageformen. Es gibt jedoch auch Nachteile und Einschränkungen dieser innovativen automatisierten Anlageform- und Strategie. Die Beratungsleistung der Robo-Advisors ist nur auf Empfehlungen für die Zusammensetzung eines Wertpapierportfolios spezialisiert. Grundsätzliche Fragen, wie z. B. welchen Anlagehorizont der Kunde für bestimmte Anlageziele wählen sollte, sind oftmals nicht oder nur rudimentär in den Risiko- und Anlagefragen der

---

[111] Vgl. *Bundesverband Investment und Asset Management e.V.,* BVI 2019 Daten. Fakten. Perspektiven, 2019, S. 69.

[112] Vgl. *Dorfleitner, G., et al.,* FinTech-Markt in Deutschland, 2016, S. 80.

[113] Vgl. *Bloch, T., Vins, O.,* Robo Advice - die Zukunft der Geldanlage, 2016, S. 176.

[114] Vgl. *Ernst & Young Global Limited,* How to transform wealth management through digital technology, 2017, o. S.

[115] Vgl. *Parment, A.,* Die Generation Y, 2013, S. 3.

Anbieter berücksichtigt. Die Risikoneigung, welche im Durchschnitt nur mit etwa zehn Risikofragen an den Anleger eingeschätzt werden soll, ist nicht immer von hoher Qualität geprägt. Darüber hinaus kann aufgrund der nicht vorhandenen persönlichen Beratung keine Einschätzung erfolgen, ob alle notwendigen Informationen gelesen und verstanden werden, weshalb auch keine Haftung für die Vermögensanlage seitens der FinTechs übernommen wird.[116] Somit setzen die FinTechs, aufgrund der begrenzten Beratungsmöglichkeiten der automatisierten Robo-Advisors, ein gewisses Finanzgrundwissen der Anleger voraus.[117]

Ebenso muss das Thema Algorithmen kritisch betrachtet werden. Algorithmen werden von Menschen entwickelt und von Menschen programmiert, aber politische und wirtschaftliche Veränderungen können bei passiv gemanagten Robo-Advisors nicht berücksichtigt werden. Ein Wealth Management Berater kann bei solchen Szenarien noch aktiv eingreifen, ein aktiv gemanagter Robo-Advisor ebenfalls. Grundsätzlich lässt sich sagen, dass Algorithmen in der heutigen Zeit nicht mehr wegzudenken sind, sie sind aber nur als ein Hilfsmittel anzusehen, um automatisiert eine bestmögliche Rendite zu erzielen. Aufgrund ihrer Wenn-Dann-Programmierung sind sie jedoch risikobehaftet.[118]

Abschließend kann festgehalten werden, dass die Robo-Advisor-Anbieter zum gegenwärtigen Zeitpunkt mit ihrem innovativen, transparenten, einfachen, schnellen und kostengünstigeren Portfoliomanagement sich vor allem auf das Segment der Retail-Kunden der klassischen Banken konzentrieren. Doch zeigen die Prognosen und Statistiken unterschiedlicher Studien für die Zukunft, dass das Angebot über alle Zielgruppen hinweg mehr an Interesse und Bedeutung gewinnt und somit auch für das Kundensegment Wealth Management von Interesse ist. Durch die aufgeführten Vorteile fordern die FinTechs die Bankenbranche mit ihren konventionellen Geschäftsmodellen heraus und stellen diese zudem auf den Prüfstand, eine Verdrängung der Banken ist jedoch nicht erkennbar.[119] Es zeigt sich sogar, dass eine gewisse Anzahl von FinTechs ihre Tätigkeit bereits wieder eingestellt und am

---

[116] Vgl. *Nickel, V.*, Robo Advisor – die besseren Finanzberater?, 2019, o. S.

[117] Vgl. *Rezmer, A., Schneider, K.*, Robo-Advisor, 2019, o. S.

[118] Vgl. *Dämon, K.*, Code-Kapital, 2016, o. S.

[119] Vgl. *Korschinowski, S.*, FinTechs setzen Banken mit neuen Geschäftsmodellen unter Druck, 2016, o. S.; *Hientzsch, R., Spanier, W.*, Asset Manager 2022, 2018, S 4.

Markt aufgegeben haben.[120] Die Gründe sind vielschichtig, Liquidität und zu geringe Finanzkraft sind aber wesentliche Faktoren.

Bei den in dieser Arbeit zu untersuchenden FinTechs mit ihren Robo-Advisors ist festzustellen, dass sowohl Kooperationen mit Banken eingegangen werden als auch Inhouse-Entwicklungen der Banken am Markt vorhanden sind.

Der Robo-Advisor ROBIN, der die automatisierten Vermögensprozesse der DB führt, ist eine Inhouse-Entwicklung. Ab einer Anlagesumme von 500 € kann in diesen aktiv gemanagten Robo-Advisor, welcher seit November 2017 auf dem Markt ist, investiert werden.[121]

Der Robo-Advisor Cominvest, der ebenfalls eine Inhouse-Entwicklung ist und von der Comdirect entwickelt ist, einer 100 %-igen Tochtergesellschaft der CoBa, ist seit dem Jahr 2017 auf dem Markt aktiv.[122] Die CoBa bietet ihren Kunden über die Comdirect diesen aktiv gemanagten Robo-Advisor ab einer Mindestanlagesumme von 3.000 € an.[123]

Der Robo-Advisor der Sutor Bank ist seit dem Jahr 2013 am Markt aktiv und besteht aus passiven Anleihen- und/oder Aktienfonds, in Form von ETFs oder Dimensional Fund Advisors (DFA-Fonds).[124] Analog zu ROBIN wird er zu den aktiv gemanagten Robo-Advisors gezählt, die Mindestanlagesumme beträgt 5.000 €.[125]

Scalable Capital ist gegenwärtig das FinTech-Unternehmen mit einem Robo-Advisor und dem höchsten AuM in Deutschland von über zwei Mrd. €, seit dem Jahr 2016 aktiv am Markt und ebenfalls unter dem Begriff aktiv gemanagte Vermögensverwaltung zu sehen.[126] Es existiert eine Kooperation mit der DiBa, die ihren Kunden den Robo-Advsior anbietet, um dieses Marktsegment zu besetzen. Das Startvolumen beträgt 10.000 €.[127]

Als weiterer Robo-Advisor in dieser Untersuchungsgruppe wird das FinTech Solidvest betrachtet, das im Gegensatz zu den vorher genannten Robo-Advisors

---

[120] Vgl. *PricewaterhouseCoopers GmbH*, 170 Betriebsaufgaben in zweieinhalb Jahren, 2019, o. S.

[121] Vgl. *DB Privat- und Firmenkundenbank AG*, Digitale Vermögensverwaltung, 2020, o. S.

[122] Vgl. *Franke-Media.net*, cominvest – Test und Ergebnisse im Echtgeld-Test, 2017, o. S.

[123] Vgl. *Comdirect Bank AG*, Digitale Vermögensverwaltung, 2020, o. S.

[124] Vgl. *Franke-Media.net*, SutorBank „PrivatbankPortfolios", 2015, o. S.

[125] Vgl. *Max Heinr. Sutor oHG*, Vermögensverwaltung Kosten, 2020, o. S.

[126] Vgl. *Scalable Capital Vermögensverwaltung GmbH*, Digitale Vermögensverwaltung Scalable Capital, 2020, o. S.

[127] Vgl. *Seibel, K.*, ING-Diba: Roboter darf Kunden betreuen, 2017, o. S.

hauptsächlich in Direktanlagen wie z. B. Aktien und Anleihen investiert. Das Startkapital beträgt ebenfalls 10.000 €, um in diese aktiv gemanagte Vermögensverwaltung zu investieren.[128] Solidvest ist die Online-Vermögensverwaltung der DJE Kapital AG und seit dem Jahr 2017 am deutschen Markt tätig.[129]

Aufgrund der Tatsache, dass keine offiziellen Berichtspflichten bzgl. weiterer Kennzahlen, wie z. B. verwaltetes Vermögen, Anzahl der Kunden existieren, werden einzelne in den Medien publizierte Zahlen in dieser Arbeit nicht aufgeführt, da sie teilweise erheblich – je nach Veröffentlichung – voneinander abweichen.

Der Zyklus eines Robo-Advisor-Portfolios lässt sich in fünf Prozessschritte unterteilen.

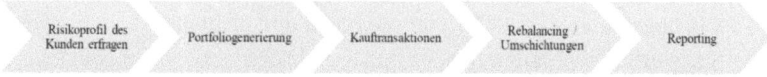

Abbildung 2: Prozesszyklus eines Robo-Advisor-Portfolios
Quelle: In Anlehnung an *Financial Industry Regulatory Authority*, Report on Digital Investment Advice, 2016, S. 2.

Das Procedere und die Funktionsweise der Robo-Advisors, um das Risikoprofil für jeden Kunden individuell zu identifizieren und zu kategorisieren, danach die Asset Allocation aufzuzeigen und letztendlich diese Allokation in Form der Kauftransaktion durchzuführen, ist bei jedem FinTech ähnlich aufgebaut. Über eine digitale Eingabemaske (Web- oder Appbasiert) wird die gesetzlich notwendige „Markets in Financial Instruments Directive-II-Angemessenheits- und Geeignetheitsprüfung" (MiFID II) mithilfe der WpHG-Klassifizierung des Anlegers wie bspw. Anlagehorizont und Risikopräferenz abgefragt, um daraus das passende Anlageprofil für den Kunden zu erstellen.[130] Der Robo-Advisor digitalisiert demnach die Fragen nach dem WpHG, welche im Gegensatz dazu in den etablierten Finanzinstituten durch den Berater selbst und computergestützt erfolgen. Dieses ermittelte Risikoprofil wird in einem nachgelagerten Prozess mithilfe der hinterlegten Algorithmen in eine strategische Asset Allocation (SAA) umgewandelt und schließlich mit der Kauftransaktion der passenden Anlageprodukte abgeschlossen.[131] Oftmals

---

[128] Vgl. *Dr. Jens Ehrhardt Kapital AG*, Unsere Leistungen, 2020, o. S.
[129] Vgl. *Nicolaisen, C.*, Robo-Advisor von DJE Kapital, 2018, o. S.
[130] Vgl. *Bundesanstalt für Finanzdienstleistungsaufsicht*, Anlegerschutz im Fokus, 2019, o. S.
[131] Vgl. *Heiden, M. K.*, Robo Advisor, o. J., o. S.

simulieren die Anbieter diese SAA mit einem Kreisdiagramm der einzelnen Anlageklassen und/oder mit prognostizierten Wertentwicklungen, Schwankungsbreiten und einem Erwartungswert am Ende der gewählten Laufzeit visuell und ermöglichen den Anlegern noch Änderungswünsche in Form von Renditewünschen oder Volatilitätseingrenzungen (Rendite-Risiko-Verhältnis) vorzunehmen, bevor die finale Kauftransaktion durchgeführt wird. Die Auswahl der Anlageinstrumente, welche von FinTechs dabei zur Umsetzung in die jeweilige Asset Allocation ausgewählt werden, ist von Anbieter zu Anbieter unterschiedlich. Es lässt sich jedoch ein klarer Trend darin erkennen, dass fast alle FinTechs nur passive ETFs und vereinzelt Investmentfonds und Aktien (-fonds) für die Depotstruktur auswählen. Hintergrund dieser Entscheidung der Anlageinstrumente ist die günstigere Grundfondsstruktur der ETFs durch z. B. einen geringeren Ausgabeaufschlag beim Kauf. Dies ist darin begründet, dass ETFs über die Börse und nicht direkt bei der Fondsgesellschaft erworben werden und einer im Vergleich zu traditionell gemanagten Fonds niedrigeren Managementgebühr, da hier i. d. R. kein aktives Management stattfindet.[132] ETFs haben somit grundsätzlich eine geringere Kostenstruktur als gemanagte Fonds. Nach Zustimmung des Anlegers zur Anlage der zuvor aufgezeigten Asset Allocation erfolgt die Kundenauthentifizierung mittels Video-Legitimation per Webcam oder Smartphone, ehe diese Daten an die Partnerbank zur Eröffnung des Depots übermittelt werden.[133] Dieses ist deshalb notwendig, da die FinTechs i. d. R. keine Banklizenz besitzen. Je nach Risikoprofil des Anlegers und Asset Allocation wird bei einzelnen Robo-Advisor-Anbietern mit einer Vermögensverwalterlizenz bei der BaFin im Laufe der Geldanlage ein Rebalancing durchgeführt, um nicht aufgrund von Marktbewegungen in eine andere Risikoklasse zu gelangen bzw. die gewählte prozentuale Verteilung in die einzelnen Anlageinstrumente weiterhin beizubehalten.[134] Darüber hinaus können bei aktiv gemanagten Robo-Advisor-Portfolios Umschichtungen in der Asset Allocation vorgenommen werden, um eine bessere Performance zu erzielen. Hierbei ist zu berücksichtigen, dass jede Transaktion und manuelle Veränderung des Depots für den Kunden mit höheren Gebühren verbunden sein kann. Die anfallenden Kosten werden entweder direkt vom investierten Anlagevermögen oder mittels Lastschriftverfahren vom Konto des Anlegers abgebucht. Hier zeigt sich, dass Aufgaben, die dem Asset Management

---

[132] Vgl. *boerse.de Finanzportal AG*, ETFs vs klassische Fonds, 2015, o. S.

[133] Vgl. *VisualVest GmbH*, Wie funktioniert die Geldanlage mit einem Robo Advisor?, 2020, o. S.

[134] Vgl. *Gulden, J.*, Automatisierte Geldanlage, 2019, S. 62.

vorbehalten sind, auch automatisiert von Robo-Advisor-Anbietern ausgeführt werden können, diese jedoch auch mit zusätzlichen Kosten für den Kunden verbunden sind. Ebenso wird in regelmäßigen Abständen dem Anleger ein umfassendes Reporting zur Verfügung gestellt, indem Informationen über Kauf- und Verkaufstransaktionen, die gegenwärtige Wertentwicklung sowie die aktuelle Asset Allocation aufgeführt sind.

3.3 Status Quo Asset Management und Wealth Management

Seit knapp elf Jahren, seit der Finanzkrise, versuchen die Finanzinstitute ihre vorhandenen Geschäftsmodelle an die neuen Rahmenbedingungen aufgrund zum Teil aufsichtsrechtlicher Veränderungen und Anforderungen anzupassen. Alle Bemühungen ihre Kosten weiterhin zu reduzieren, indem sie sich von strukturell unrentablen Geschäftsfeldern trennen oder andere Bereiche versuchen weiter zu digitalisieren, sind kostenintensiv und werden durch die anhaltende schrumpfende Ertragsbasis erschwert. Bedingt aber durch die Notwendigkeit stärker in die Digitalisierung zu investieren und dem Markteintritt von FinTech-Unternehmen, gewinnt das Thema eine neue Relevanz.[135]

Das private Finanzvermögen der Deutschen wächst im Jahr 2016 um 4,3 % auf ca. 6 Billionen (Bill.) € (im Jahr 2015 beträgt der Anstieg 4,4 %).[136] Werden die positiven Marktbedingungen für die nächsten Jahre weiter unterstellt, könnte, optimistisch betrachtet, die durchschnittlich jährliche Vermögensentwicklung bis zum Jahr 2022 weltweit auf 7 % ansteigen, laut dem aktuellsten 2018er Vermögensreport der Boston Consulting Group.[137] Der Allianz Global Wealth Report 2019 spricht jedoch für Deutschland nur von einer Steigerung von 2,2 % im Jahr 2018.[138] Dies ist darauf zurückzuführen, dass der Allianz Global Wealth Report 2019 das Jahr 2018 nicht so positiv sieht, da zum ersten Mal seit der Finanzkrise das weltweite Geldvermögen in Industrie- und Schwellenländern gleichzeitig um 0,1 % sinkt, aufgrund z. B. des eskalierenden Handelskonfliktes zwischen den USA und China und der „Brexit" Thematik und die Aktienmärkte weltweit um ca. 12 % sinken aufgrund dieser Konflikte.[139] Da die Deutschen traditionell jedoch eher

---

[135] Vgl. *Leichsenring, H. J.*, Elf Thesen zu Innovation in der Finanzbranche, 2017, S. 445.
[136] Vgl. *Gutmann, A.*, Weltweites Privatvermögen, 2018, S. 1.
[137] Vgl. *Zakrzewski, A., et al.*, Global Wealth 2018, 2018, S. 7.
[138] Vgl. *Grimm, M., et al.*, Allianz Global Wealth Report, 2019, S. 125.
[139] Vgl. ebd.

konservativ in ihrer Geldanlage agieren und rund 40 % des Privatvermögens in Spar- und Sichteinlagen investiert sind, wirkt sich die globale Entwicklung an den Aktienmärkten nicht negativ auf das Vermögen aus.[140] Im ersten Quartal 2019 steigt das private Geldvermögen der Deutschen sogar auf einen neuen Rekordwert von 6,17 Bill. €, verkündet die Deutsche Bundesbank, obwohl die Anzahl der Millionäre in Deutschland in 2018 erstmalig seit der Finanzkrise wieder um 0,5 % auf 1,35 Mio. Personen sinkt, die für das Segment Wealth Management im Bereich Asset Management der Banken als potenzielle Kunden von Bedeutung sind.[141] Die Betreuung von vermögenden Privatkunden im Bereich Wealth Management gilt als eines der attraktivsten Geschäftsfelder in der Finanzindustrie, weshalb erhebliche Mittel in den letzten Jahren in dieses Geschäftsfeld investiert werden.[142] In den Jahren 2013 bis 2016 liegt der Ertrag bei den deutschen Banken bei durchschnittlich 115 Mrd. €. Hiervon entfallen 69 Mrd. € auf den Bereich der Privat- und Geschäftskunden und 16,5 Mrd. € alleine nur auf das Asset Management.[143]

Seit Jahren versuchen die Banken im Bereich Asset Management deshalb entweder ihre Marktposition im Kundensegment Wealth Management weiter auszubauen oder immerhin diese nicht an andere neue Marktteilnehmer wie bspw. die FinTechs zu verlieren, da dieses Segment oftmals immer noch als Kerngeschäftsfeld gesehen wird.[144] Die Unternehmensberatung Bain & Company Inc. spricht bereits im Jahr 2014 in diesem Zusammenhang von 200.000 potenziellen Kunden, um die die Banken kämpfen.[145] Es ist davon auszugehen, dass aufgrund der positiven konjunkturellen Entwicklung in den letzten Jahren auf dem Finanzmarkt die Anzahl in dieser Zielgruppe ständig steigt. Die in diesem Geschäftsfeld getätigten Investitionen beschränken sich allerdings zum größten Teil aktuell nur auf die Weiterentwicklung und Automatisierung bzw. Verbesserung des Kundenservices und somit ausschließlich auf die Optimierung des vorhandenen Geschäftsmodells Wealth Management.[146] Obwohl sich das Kundenverhalten durch Internet und Digitalisierung ändert und auch das Kundensegment Wealth Management betrifft und damit neue

[140] Vgl. *Zeit Online GmbH*, Bundesbank, 2019, o. S.
[141] Vgl. *Capgemini SE*, World Wealth Report 2019, 2019, S. 9; *Deutsche Bundesbank*, Zeitreihendatenbank, 2019, o. S.
[142] Vgl. *Brost, H., et al.*, Private Banking und Wealth Management, 2019, S. V.
[143] Vgl. *Wyman, O.*, Bankenreport Deutschland 2030, 2018, S. 8.
[144] Vgl. *Krah, E.-S.*, Umbruch im Wealth Management, 2015, o. S.
[145] Vgl. *Glusac, D. N., Vater, D.*, Was Millionäre von ihrer Bank erwarten, 2014, S. 4.
[146] Vgl. *Pehle, D.*, Plattform-Strategien in Private Banking und Wealth Management, 2019, o. S.

Anforderungen an das Asset Management stellt, finden diese disruptiven Innovationen bei den Banken bisher wenig Beachtung. Die Bankberater im Wealth Management stehen somit vor der Herausforderung den Ansprüchen ihrer Kunden durch den demografischen Wandel in Form von Generationswechsel und den technologischen Komponenten mit Innovationslösungen zu entsprechen.[147]

Im Allgemeinen wird die individuelle Vermögensverwaltung im Wealth Management erst ab einem bestimmten Mindestvermögen angeboten, damit neben den klassischen Investmentfonds wie Aktien, Immobilien und Renten auch Rohstofffonds, Zertifikate oder die Investition in Einzeltitel (z. B. Aktien) sinnvoll erfolgen kann. Die Zielgruppe, die eine individuelle Vermögensverwaltung als Anlageform im Wealth Management wählt, legt einen hohen Wert auf ein persönliches Gespräch mit dem Bankberater. Es steht nicht die schnelle und somit kostengünstige Vermögensanlage im Vordergrund, sondern ein Austausch über den Kapitalmarkt und andere Themen. Aufgrund einer langjährigen Kundenbeziehung zum Berater können auch private Themen von Bedeutung sein. Der große Mehrwert aus Sicht des Kunden in einem persönlichen Anlagegespräch mit dem Bankberater besteht darin, dass erfahrene Berater die Kundenanforderungen und -ziele sehr detailliert erfassen und daraus eine nur auf den Kunden persönlich zugeschnittene Asset Allocation erarbeiten können. Nachteilig ist anzusehen, dass bei einem konservativen Risikoprofil gegenwärtig die im Durchschnitt erzielten Renditen die zum Teil hohen Kosten nicht kompensieren können. Dieses ist auf das aktuelle Niedrigzinsumfeld an den Finanzmärkten zurückzuführen, da z. B. Anleihen mit guter Bonität geringe oder sogar auch negative Renditen erzielen.

Diese individuelle Vermögensverwaltung, wie sie im Kundensegment Wealth Management zum Einsatz kommt, setzt grundsätzlich bei der in dieser Arbeit zu untersuchenden Banken, wie bereits erwähnt, eine Mindestanlagesumme voraus. Die DB definiert im Kundensegment Wealth Management mit einem liquiden Anlagevermögen von Minimum zwei Mio. € die höchste Untergrenze für eine individuelle Vermögensverwaltung.[148] 500.000 € sind bei der Unicredit für eine aktiv gemanagte Vermögensverwaltung notwendig.[149] Die individuelle Vermögensverwaltung der Sutor Bank beginnt ab 300.000 €. Die CoBa bietet diese individuelle

---

[147] Vgl. *Mirza, S., et al.*, EY Wealth Management Outlook 2017, 2017, S. 13 f.

[148] Vgl. *Deutsche Bank AG*, Preis- und Leistungsverzeichnis der Deutschen Bank AG, 2019, S. 24.

[149] Vgl. *Unicredit Bank AG*, HVB Vermögensverwaltung, 2020; *Unicredit Bank AG*, Lassen Sie Ihr Vermögen professionell verwalten, 2020, S. 5.

Anlageform ihren Kunden ab einem Betrag von 250.000 € an. Es gibt zwar auch eine Vermögensverwaltung, ohne Mindestanlagevolumen, jedoch ist dies nur eine standardisierte Verwaltung in Investmentfonds, welche im Kundendepot als Dachfonds abgebildet wird. Die DiBa hingegen bietet keine klassische individuelle Vermögensverwaltung, wie die anderen Banken, über alle oder vereinzelte Kundensegmente an. Einzig die digitale Vermögensverwaltung durch die Kooperation mit dem FinTech-Unternehmen Scalable Capital steht zur Verfügung.[150] Seit dem 15. September 2017 können Kunden der DiBa die Online-Vermögensverwaltung des FinTechs innerhalb von Deutschland nutzen, nachdem mehrere Arbeitsgruppen beider Firmen über zwölf Monate an der Implementierung in die IT-Infrastruktur der DiBa zusammengearbeitet haben.[151] Die DiBa startet diese Partnerschaft mit ihren acht Mio. Kunden und einem Spar- und Wertpapiervermögen von knapp 150 Mrd. € in Deutschland, da dies einer ihrer wichtigsten Märkte, auch mit noch nicht ausgeschöpften Wachstumspotenzial sei, so der Vorstandschef Nick Jue gegenüber der Presse bei der Bilanzvorlage in Frankfurt am Main.[152] Wie viel von den 150 Mrd. € verwalteten Kundengeldern der DiBa in den Robo-Advisor von Scalable Capital fließen ist zum aktuellen Zeitpunkt von keinem der beiden Unternehmen veröffentlicht. Der Grund dieser Kooperation mit dem FinTech ist aus Sicht der DiBa, zum einen dieses Marktsegment zu besetzen und zum anderen, dass diese Partnerschaft ein notwendiger Schritt in ihrer Strategie ist den Kunden eine attraktive und kostengünstige Geldanlage zu bieten und dabei auch die zunehmende Digitalisierung im Finanzbereich für die Kunden zu nutzen, um das Bankgeschäft noch einfacher und komfortabler zu gestalten.[153] Die DiBa soll sich somit von einer Direkt- zu einer Digitalbank verändern.[154]

Zusammenfassend lässt sich festhalten, dass vier der fünf Banken (CoBa, DB, Unicredit und Sutor Bank) in ihren jeweiligen Wealth Management Bereichen eine individuelle Vermögensverwaltung mit unterschiedlichen Mindestanlagesummen ihren Kunden offerieren und die DiBa keine eigene individuelle Vermögens-

---

[150] Vgl. *ING-DiBa AG*, Bequem Geld anlegen. Ihre Optionen, 2020, o. S.

[151] Vgl. *Scalable Capital Vermögensverwaltung GmbH*, ING kooperiert mit Scalable Capital, 2017, o. S.

[152] Vgl. *Holtermann, F.*, Direktbank, 2019, o. S.

[153] Vgl. *ING-DiBa AG*, Partnerschaft zwischen ING-DiBa und Scalable Capital, 2017, o. S.

[154] Vgl. *Tyborski, R.*, Online-Vermögensverwaltung, 2017, o. S.

verwaltung anbietet, sondern dieses Marktsegment durch den Robo-Advisor von Scalable Capital abdeckt.

Die Anlageberatung im Wealth Management erfolgt persönlich in den Filialen der etablierten Banken durch einem Bankberater. Aufgrund der Komplexität in den Finanzmärkten kann neben dem Generalisten, welcher oftmals als erster Ansprechpartner für den Kunden zur Verfügung steht, ein Wertpapierspezialist ebenfalls an dem Beratungsgespräch teilnehmen. Je nach Bankinstitut ist dieses Know-how auf eine oder mehrere Bankberater verteilt. Bei Direktbanken wird diese Beratung meistens mittels digitaler Kommunikationswege wie z. B. E-Mail, Videochat oder Telefon zur Verfügung gestellt. Aufgrund der gesetzlichen Vorgaben folgt der Beratungsablauf ähnlich wie bei den FinTechs mit ihren Robo-Advisors definierten Mustern, in dem der Bankberater über die Bedarfsanalyse zur Risikoeinstufung und schließlich zu einer Anlageempfehlung kommt.[155] In der Bedarfsanalyse findet zunächst eine Exploration in der Bestandsaufnahme zur finanziellen Situation des Kunden statt.[156] Hierbei werden in einer einfachen Einnahmen- und Ausgabenrechnung, um das monatlich frei verfügbare Haushaltsnettoeinkommen zu bestimmen, auch detailliert die Vermögenswerte (Immobilien, Lebensversicherungen etc.) aufgelistet, um einen Gesamtüberblick des Kunden zu erhalten. In einem zweiten Schritt erfolgt in der Bedarfsanalyse die Festlegung des Anlageziels bzw. welche finanziellen Wünsche der Kunde aus der Vermögensanlage anstrebt (private Altersvorsorge, Eigenkapitalbeschaffung für eine Immobilie, etc.) und in welchen Anlagehorizont dieses Ziel realisiert werden soll. In der Risikoeinstufung werden über die persönlichen Erfahrungen und Kenntnisse der möglichen Vermögensanlagen gesprochen, allgemeine Finanz- oder Kapitalmarktfragen dem Kunden beantwortet und seine persönliche Risikoneigung identifiziert.[157] Im letzten Schritt, der Anlageempfehlung, präsentiert der Bankberater eine konkrete Asset Allocation, aufgrund der zuvor gewonnenen Informationen über das Vermögen, die Finanzkenntnisse und die Ziele des Kunden. Diese Asset Allocation wird mit dem Kunden am Ende der Beratung oder in einem Folgegespräch analysiert, besprochen und in schriftlicher Form, der sogenannten Geeignetheitserklärung, festgehalten. Seit Januar 2018 wird § 34 Absatz 2a WpHG, durch welches ein

---

[155] Vgl. Bundesanstalt für Finanzdienstleistungsaufsicht, Anlageberatung, 2019, o. S.

[156] Vgl. *Groth, J.*, Anlageberatung, 2017, o. S.

[157] Vgl. *Verband unabhängiger Vermögensverwalter Deutschland e.V.*, Grundsätze einer seriösen Vermögensverwaltung, 2015, S. 9.

Beratungsprotokoll mit zusätzlichen Dokumentationspflichten wie z. B. Dauer des Gesprächs etc. verpflichtend ist, durch die Erklärung über die Geeignetheit der Empfehlung in § 64 Absatz 4 WpHG (Geeignetheitserklärung) ersetzt. Diese beinhaltet die erbrachte Beratung sowie, wie der Berater auf die Präferenzen, Anlageziele und auf die sonstigen Merkmale des Kunden gekommen ist.[158] Näheres regelt Artikel 54 Absatz 12 der Delegierten Verordnung der Europäischen Union (EU) 2017/565.[159]

3.4 Benchmark-, Performance- und Kostenvergleich beider Untersuchungsgruppen

Nachdem Robo-Advisor-Anbieter seit knapp sieben Jahren in Deutschland aktiv am Markt tätig sind, erscheint ein erster qualifizierter Benchmark-, Performance- und Kostenvergleich untereinander und im Vergleich zur individuellen Vermögensverwaltung der Banken sinnvoll. Grundsätzlich ist auf Basis eines mittel- und langfristigen Anlagehorizonts eine valide Betrachtung eines Benchmark- und Performancevergleichs erst ab drei Jahren als sinnvoll anzusehen. Dies lässt sich damit begründen, dass Vermögensanlagen in z. B. ETFs, Investmentfonds, Anleihen, Aktienfonds und Aktien generell mittel- bis langfristig angelegt werden sollten. Unter einer längerfristigen Geldanlage wird grundsätzlich eine Anlage ab drei Jahren verstanden.[160] Eine Erklärung hierfür ist zum einen der erhobene Ausgabeaufschlag für ein Investmentprodukt (einmalig bis zu 5 % der Investitionssumme), die Managementgebühren der jeweiligen Bank aufgrund des aktiven Managements (jährlich) und die sonstigen Kosten je nach Börsenplatz, die in den ersten Jahren kumuliert zu geringeren Renditen führen können. Die Bewertung, ob eine Investition gut oder schlecht performed, erfolgt unter der Berücksichtigung des Parameters Wertentwicklung in Prozent (Performance) im Vergleich zu Benchmarks. Benchmarks sind Vergleichsindizes, die herangezogen werden, als Basis für einen messbaren Anlageerfolg oder -misserfolg. Schneidet das Investment in einem ausgewählten Zeitraum besser als der Vergleichsindex (Benchmark) ab, so ist die Anlagestrategie des Managements erfolgreich. Ergibt sich allerdings eine schlechtere Wertentwicklung der Anlage als die Benchmark, so ist es sinnvoller direkt in den Vergleichs-

---

[158] Wertpapierhandelsgesetz in der Fassung der Bekanntmachung vom 9. September 1998 (BGBl. I S. 2708), das zuletzt durch Artikel 5 des Gesetzes vom 12. Dezember 2019 (BGBl. I S. 2637) geändert worden ist.

[159] Vgl. *Europäische Kommission*, Delegierte Verordnung, 2016, S. 50 f.

[160] Vgl. *VisualVest GmbH*, Wie funktioniert die Geldanlage mit einem Robo Advisor?, 2020, o. S.

index zu investieren und nicht in eine gemanagte Alternative. Da jeder Robo-Advisor-Anbieter auf der eigenen Internetseite seine Wertentwicklung aufgrund unterschiedlicher Berechnungskriterien darstellt, wird für den Benchmark- und Performancevergleich in diesem Kapitel der „Echtgeld-Test" herangezogen, welcher seit Mai 2015 von der Firma Franke-Media.net mit einem ausgewogenen Risikoprofil durchgeführt wird und die Ergebnisse der einzelnen Robo-Advisor-Portfolios online auf der Plattform „brokervergleich.de" veröffentlicht, um ein objektiv vergleichbares Ergebnis zu erzielen.[161] Als Benchmark wird in diesem Test zum einen eine Kombination aus 50 % Morgan Stanley Capital International (MSCI) World (Aktien) und 50 % Barclays Aggregate Bonds (Anleihen) ausgewählt und unter der Bezeichnung „Benchmark 1" geführt und zum anderen die „Benchmark 2", die „Kommer Strategie 2011" von Gerd Kommer. Diese Strategie besteht aus einem risikobehafteten (auch als „Weltportfolio" bezeichnet) und theoretisch risikofreien Portfolioanteil.[162] Der risikobehaftete Portfolioanteil (70 %) ist in Aktien, Immobilien und Rohstoffe, mitunter auch Rohstoff-Futures, global diversifiziert, während der theoretisch risikofreie Anteil (30 %) nur auf deutschen Staatsanleihen basiert, welche in der modernen Portfoliotheorie, einem Teilgebiet der klassischen Kapitalmarkttheorie, als risikolos gelten.[163] Investitionen erfolgen dabei in Small Caps (Nebenwerte), Value-Aktien (Substanzwertaktien) und Emerging Market-Aktien (Schwellenländeraktien). Mithilfe einer konsequenten Buy-and-Hold-Strategie, wobei ein Rebalancing als Ausnahme dieser Strategie angesehen wird, verfolgt die „Kommer Strategie 2011" einen heuristischen Ansatz mit der Erwartung eines vorteilhaften Rendite-Risiko-Verhältnisses.[164] Da der „Echtgeld-Test" allerdings nicht für alle fünf Robo-Advisors der Untersuchungsgruppe Performancezeiträume von drei und mehr Jahren ausweist, werden nur die Jahre 2018 und 2019 für eine Betrachtung untereinander und im Vergleich zu den Benchmarks herangezogen.

Aufgrund der in Punkt 1.2 bereits erwähnten Abgrenzung, dass andere Untersuchungsparameter (Risikosteuerung, Anzahl von Rebalancing/Umschichtungen, sowie eine detaillierte Analyse der Portfoliostruktur) nicht in die Analyse mit

---

[161] Vgl. *Franke-Media.net*, Robo Advisor im einzigen Echtgeld-Test Deutschlands 2019, 2019, o. S.

[162] Vgl. *Kommer, G.*, Souverän investieren mit Indexfonds & ETFs, 2015, S. 274.

[163] Vgl. *Markowitz, H.*, Portfolio Selection, 1952, S. 77–91.

[164] Vgl. *Kommer, G.*, Souverän investieren mit Indexfonds & ETFs, 2015, S. 292.

einfließen, wird nur ein aktueller Benchmark-, Performance-, und Kostenvergleich für die Untersuchungsgruppen durchgeführt.

Auch wenn in dieser Arbeit nur detailliert auf die Robo-Advisors (Scalable Capital, Robin, Cominvest, Solidvest und Sutor Bank) eingegangen wird, ist eine kurze Analyse aller teilnehmenden Robo-Advisors im Vergleichstest wichtig, um ein Gesamtbild für einen Zeitraum ab dem Jahr 2018 bis einschließlich März 2020 zu erhalten. Im Jahr 2018 können von den elf untersuchten Robo-Adsvisors keiner die „Benchmark 1" übertreffen, währenddessen sieben Anbieter besser als die „Benchmark 2" performen, wobei Fintego von der European Bank for Financial Services GmbH mit -3,6 % am besten abschneidet.[165] Im Jahr 2019 können ebenfalls keine der 14 untersuchten Robo-Advisors die „Benchmark 1" schlagen. Sieben Anbieter schneiden jedoch besser ab als die „Benchmark 2". Der Bestperformer im Jahr 2019 ist Bevestor GmbH mit 17,8 % Wertentwicklung.[166] In den ersten drei Monaten im Jahr 2020, in dem die Untersuchungsgruppe aus 20 Teilnehmern besteht, übertreffen zwei Anbieter die „Benchmark 1" und 18 Robo-Advisors die „Benchmark 2". Als Testsieger für diese drei Monate ist die Kapilendo AG mit -7,0 % zu nennen.[167] Insgesamt lässt sich bei der Betrachtung aller untersuchten Anbieter feststellen, dass pro Jahr (12 Monate) im Betrachtungszeitraum kein Robo-Advisor die „Benchmark 1" übertrifft. Eine Erklärung hierfür ist, dass gerade in Bezug auf ein gesamtes Jahr der MSCI World besser performed, bedingt durch seine breitere Streuung in Aktien weltweit.

Hingegen lässt sich bei der „Kommer-Strategie 2011" (Benchmark 2) ein gegenläufiger Trend ablesen. Sieben bzw. drei Anbieter können die „Benchmark 2" in den Jahren 2018/2019 schlagen, wobei es für das Ergebnis unbedeutend ist, wie viele Rebalancings und/oder Umschichtungen in diesen Zeiträumen durchgeführt werden.[168] Dies lässt sich damit erklären, dass der risikobehaftete Portfolioanteil bei der „Kommer-Strategie-2011" im Betrachtungszeitraum eine schlechtere Entwicklung aufzeigt. In den ersten drei Monaten im Jahr 2020 muss der besonderen Situation durch COVID-19 Rechnung getragen werden. Hier ist eindeutig festzustellen, dass Robo-Advisors in solchen Marktphasen Portfolioanpassungen vornehmen, um Verluste zu minimieren.

---

[165] Vgl. *Franke-Media.net*, Jahresbilanz 2018, 2018, o. S.

[166] Vgl. *Franke-Media.net*, Jahresbilanz 2019, 2019, o. S.

[167] Vgl. *Franke-Media.net*, Bilanz 2020, 2020, o. S.

[168] Vgl. *Franke-Media.net*, Jahresbilanz 2019, 2019, o. S.

Für die Untersuchungsgruppe 1 (Robo-Advisor) stellt sich der Benchmark- und Performencvergleich für die Jahre 2018 und 2019 wie folgt dar.

Anbieter	Betrachtungszeitraum	
	2018	2019
Cominvest	-	15,4%
ROBIN	-	15,1%
Scalable Capital	-7,2%	13,0%
Solidvest	-	11,8%
Sutor Bank	-8,4%	13,4%
Benchmark 1*	-3,4%	18,3%
Benchmark 2**	-6,4%	15,6%

* MSCI World alle Angaben p. a.
** Kommer Strategie 2011

Tabelle 1: Benchmark- und Performancevergleich der Robo-Advisors in den Jahren 2018 und 2019
Quelle: Eigene Darstellung[169]

Im Betrachtungszeitraum 2018, in dem nur für zwei der fünf Anbieter Daten vorliegen, ist festzustellen, dass bei beiden Robo-Advisors (Scalable Capital und Sutor Bank) als auch bei den Benchmarks die Performance im negativen Bereich liegt. Sowohl Scalable Capital als auch die Sutor Bank performen schlechter als die Benchmarks. Dies zeigt, dass die beiden Robo-Advisors in ihrer Portfoliostruktur mit einer hohen Wahrscheinlichkeit den Aktienanteil höher gewichten als beide Benchmarks, da im Betrachtungszeitraum 2018 die Aktienmärkte generell eine negative Wertentwicklung aufweisen, welches die Erklärung dafür ist, dass alle Anbieter negativ performen.

Im Betrachtungszeitraum 2019 ist zu erkennen, dass alle fünf Robo-Advisors die „Benchmark 1" und die „Benchmark 2" nicht schlagen können, obwohl eine positive Wertentwicklung am Markt und bei allen Anbietern zu sehen ist. Dies lässt die Schlussfolgerung zu, dass eine Anpassung der Portfolio-Strukturen an die Marktsituation nicht ausreicht. Ob dies auf eine zu geringe Diversifikation, eine zu geringe Aktienquote oder eine zeitlich zu späte Anpassung zurückzuführen ist, lässt sich hieraus aber nicht ableiten. Für 2019 ist der Robo-Advisor Cominvest mit +15,4 %

---

[169] Vgl. *Franke-Media.net*, Jahresbilanz 2018, 2018, o. S.; *Franke-Media.net*, Jahresbilanz 2019, 2019, o. S.

p. a. der Bestperformer und Solidvest mit +11,8 % p. a. der schlechteste. Die durchschnittliche Wertentwicklung aller fünf Anbieter der Untersuchungsgruppe liegt für das Jahr 2019 bei +13,74 % p. a. Diese reine Wertentwicklungsbetrachtung innerhalb der Untersuchungsgruppe zeigt, dass unabhängig davon welche Anlageklasse (ETFs versus Direktanlagen) priorisierend gewählt wird, beide Vergleichsindizes nicht übertroffen werden.

	Kostenstruktur		
Anbieter*	**Verwaltungsgebühr**	**Fondskosten**	**Summe (All-In)**
Cominvest	0,95%	-	0,95%
ROBIN	0,75%	0,25%	1,00%
Scalable Capital	0,75%	0,16%	0,91%
Solidvest	0,80%	-	0,80%***
Sutor Bank	0,70%	0,44%**	1,14%****

* günstigstes Kostenmodell nach Investitionssumme gewählt   alle Angaben p. a.
** Durchschnitt der Fondkosten
*** zusätzlich 10 % Performance-Fee p. a. + 0,3 % Depotkosten p. a. an die Depotbank (Baader Bank)
**** zusätzlich Depotgebühren i.H.v. 12,-€ p. a.

Tabelle 2: Kostenstruktur der Robo-Advisors im Asset Management
Quelle: Eigene Darstellung[170]

Der Vergleich der Kosten unter den Robo-Advisors offenbart Ähnlichkeiten in den Grundstrukturen. Neben einer jährlichen Verwaltungsgebühr erheben drei der fünf Robo-Advisors zusätzlich noch bis zu 0,44 % p. a. an Fondskosten. Hinzu kommen noch teilweise individuelle Performance-Fee Gebühren oder sonstige Kostenelemente. Die Spannbreite der Gesamtkosten (All-In) der fünf Robo-Advisors ohne die individuellen zusätzlichen Kosten bei Solidvest und der Sutor Bank liegt zwischen 0,80 % p. a. und 1,14 % p. a. Es ist zu beobachten, dass die Gesamtkostenstruktur unabhängig davon ist, ob es sich um einen Robo-Advisor von FinTechs oder von klassischen Banken handelt. Unter den fünf untersuchten Robo-Advisors ist der günstigste von Solidvest mit insgesamt 0,80 % p. a. Die Sutor Bank mit ihrem Robo-Advisor stellt in der Untersuchungsgruppe auf den ersten Blick den Anbieter mit den höchsten Kosten von 1,14 % p. a. Nur Solidvest kann aufgrund der zusätzlichen 10 % p. a. Performance-Fee und den 0,3 % Depotgebühren an die Baader

---

[170] Vgl. *Dr. Jens Ehrhardt Kapital AG*, Unsere Leistungen, 2020, o. S.; *Comdirect Bank AG*, Die Kosten für Ihre digitale Vermögensverwaltung, 2020, o. S.; *Deutsche Bank DB Privat- und Firmenkundenbank A*, Robin Gebühren, 2020, S. 4; *Max Heinr. Sutor oHG*, Vermögensverwaltung Kosten, 2020, o. S.; *Scalable Capital Vermögensverwaltung GmbH*, Gebühren, 2020, o. S.

Bank AG noch eine höhere Kostenstruktur aufweisen, bei einer positiven Wertentwicklung. Dies ist darin begründet, dass Solidvest nicht nur in kostengünstige ETFs und vereinzelt Fonds investiert, wie die meisten anderen Robo-Advisors, sondern direkt in bis zu 30 Aktien und 20 Anleihen.[171] Insgesamt bewegen sich alle fünf Anbieter jedoch in den durchschnittlichen Gesamtkostenrahmen, der auf dem Markt zur Zeit erhoben wird.[172]

Bei der Analyse der zweiten Untersuchungsgruppe ist zu beachten, dass nur die CoBa, die DB, die Unicredit und die Sutor Bank den Markt für die individuelle Vermögensverwaltung bedienen. Die DiBa verzichtet vollständig auf eine individuelle Inhouse-Vermögensverwaltung und findet somit keine Berücksichtigung in der Benchmark- und Performanceanalyse. Da seitens der Banken keine veröffentlichten Performancedaten vorliegen, aufgrund der individuellen Depotstruktur jedes Kunden, wird als Datenbasis für die vier individuellen Vermögensverwaltungen (CoBa, DB, Unicredit und Sutor Bank) der Focus Money Test aus dem Jahr 2019 (Stand November) herangezogen, um die einzelnen Wertentwicklungen unter gleichen Parametern zu analysieren. Bezüglich der Performance wird aufgrund der Wertentwicklung der vergangenen zehn Jahre, der dem Focus Money Test zugrunde liegt, ein dreijähriger Depotwert ermittelt. Dieser Wert wird als Annahme in dieser Untersuchung auf ein Jahr berechnet und die vorgegebene 20 %-ige Wahrscheinlichkeit im Test als 100 % angesehen. Diese Vorgehensweise wird gewählt, um eine Vergleichbarkeit zu erzielen. Sie hat aber den Nachteil, dass keine unterschiedlichen Werte dadurch für die Jahre 2018 und 2019 vorliegen.

---

[171] Vgl. *Franke-Media.net*, Robo Advisor im einzigen Echtgeld-Test Deutschlands 2019, 2019, o. S.

[172] Vgl. *FOCUS Online Group GmbH*, Robo-Advisor-Vergleich 2020, 2020, o. S.

Aufgrund dieser Prämissen ergeben sich, analog zum Betrachtungszeitraum der Robo-Advisors, folgende Wertentwicklungen für die zweite Untersuchungsgruppe.

Anbieter	Betrachtungszeitraum	
	2018	2019
Commerzbank AG	4,3%	4,3%
Deutsche Bank AG	4,0%	4,0%
Sutor Bank oHG	2,3%	2,3%
Unicredit Bank AG	3,0%	3,0%
Benchmark 1*	-3,4%	18,3%
Benchmark 2**	-6,4%	15,6%

* MSCI World   alle Angaben p. a.
** Kommer Strategie 2011

Tabelle 3: Benchmark- und Performancevergleich der Banken im Asset Management in den Jahren 2018 und 2019
Quelle: Eigene Darstellung[173]

Weder die „Benchmark 1" noch die „Benchmark 2" können im Betrachtungszeitraum 2018 die vier individuellen Vermögensverwaltungen übertreffen. Es ist davon auszugehen, dass dieses Ergebnis im hohen Maße auf die gewählte Vorgehensweise zurückzuführen ist. Dieses zeigt sich auch im Jahr 2019, in dem beide Benchmarks gravierend besser performen, während aufgrund der gewählten Vorgehensweise die individuellen Vermögensverwaltungen keine Veränderung in der Wertentwicklung aufweisen. Die Bandbreite der Performance für die Jahre 2018 und 2019 geht von 2,3 % p. a. (Sutor Bank) bis zu 4,3 % p. a. (CoBa).

---

[173] Vgl. *Franke-Media.net*, Jahresbilanz 2018, 2018, o. S.; *FOCUS Magazin Verlag GmbH*, Vermögensverwaltung Max Heinr. Sutor oHG, 2019, S. 10; *FOCUS Magazin Verlag GmbH*, Vermögensverwaltung UniCredit Bank AG, 2019, S. 10; *FOCUS Magazin Verlag GmbH*, Vermögensverwaltung Commerzbank AG, 2019, S. 10; *FOCUS Magazin Verlag GmbH*, Vermögensverwaltung Deutsche Bank AG, 2019, S. 10; *Franke-Media.net*, Jahresbilanz 2019, 2019, o. S.

Anbieter*	Kostenstruktur
Commerzbank AG	1,90% / 1,55%**
Deutsche Bank AG	individuell
Sutor Bank oHG	2,40%
Unicredit Bank AG	individuell

* günstigstes Kostenmodell nach Investitionssumme gewählt   alle Angaben p. a.
** 1,90% All-In / 1,55% + 10% Performance-Fee

Tabelle 4: Kostenstruktur der Banken im Asset Management
Quelle: Eigene Darstellung[174]

Die Kostenstruktur einer Vermögensverwaltung kann grundsätzlich in drei verschiedene Modelle unterteilt werden, einem volumenabhängigen Fixhonorar (All-In-Fee), einem gewinnabhängigen Erfolgshonorar (Performance-Fee) und einer Kombination aus beiden Modellen.[175] Ein Kostenvergleich unter den Vermögensverwaltungen zeigt, dass zwei der vier Anbieter (CoBa und Sutor Bank) All-In-Fees ausweisen die zwischen 1,55 % p. a. und 2,40 % p. a. liegen. Die CoBa bietet ihren Kunden neben einer klassischen All-In-Fee auch eine Kombination mit geringeren Grundkosten (1,55 % p. a.) und einer 10 % Performance-Fee p. a. an. Die DB und die Unicredit vereinbaren jeweils eine individuelle Kostenstruktur mit ihren Kunden und geben trotz Nachfrage keine Informationen über die genaue Zusammensetzung ihrer Kosten. Es ist dennoch davon auszugehen, dass es sich bei diesen zwei Anbietern um ähnliche Preismodellzusammensetzungen handelt. Eine reine erfolgsabhängige Gebührenstruktur wird von keinem der Anbieter angeboten. Grundsätzlich lässt sich als Orientierungswert sagen, dass marktübliche Gesamtkosten im Asset Management bei einer ausgewogenen Anlagestrategie (50 % mögliche Aktienquote) bei etwa 1,0 % bis 1,5 % p. a. liegen.[176] Die hier analysierten individuellen Vermögensverwaltungen befinden sich am oberen Ende dieser marktüblichen Gesamtkosten bzw. sogar weit darüber hinaus.

---

[174] Vgl. *Deutsche Bank AG*, Preis- und Leistungsverzeichnis der Deutschen Bank AG, 2019, S. 30; *Unicredit Bank AG*, HVB Vermögensverwaltung, 2020, S. 19.

[175] Vgl. *Verband unabhängiger Vermögensverwalter Deutschland e.V.*, Grundsätze einer seriösen Vermögensverwaltung, 2015, S. 12.

[176] Vgl. *Institut für Vermögensaufbau*, Vermögensverwaltung der Sutor Bank, 2019, S. 3.

Anbieter*	Kostenstruktur
Cominvest	0,95%
ROBIN	1,00%
Scalable Capital	0,91%
Solidvest	0,80%**
Sutor Bank oHG (Robo)	1,14%***
Commerzbank AG	1,90% / 1,55%****
Deutsche Bank AG	individuell
Sutor Bank oHG	2,40%
Unicredit Bank AG	individuell

* günstigstes Kostenmodell nach Investitionssumme gewählt   alle Angaben p. a.
** zusätzlich 10 % Performance-Fee p. a. + 0,3 % Depotkosten p. a. an die Depotbank (Baader Bank)
*** zusätzlich Depotgebühren i.H.v. 12,-€ p. a.
**** 1,90% All-In / 1,55% + 10% Performance-Fee p. a.

Tabelle 5: Kostenstruktur beider Untersuchungsgruppen im Vergleich
Quelle: Eigene Darstellung[177]

Der Kostenvergleich beider Untersuchungsgruppen, bestätigt die in der Arbeit bereits getroffenen Aussagen. Die etablierten Banken liegen mit ihren Kostenmodellen bei einer individuellen Vermögensverwaltung deutlich über den Angeboten der Robo-Advisors. Im Kostenvergleich zwischen dem günstigsten Anbieter der Robo-Advisors (Sutor Bank) ohne Depotgebühren und dem teuersten Anbieter der individuellen Vermögensverwaltungen (ebenfalls die Sutor Bank) liegt eine Steigerungsrate in der Vermögensverwaltung um 166 %. Dies hängt im hohen Maße mit den Personalkosten bei der persönlichen Beratung zusammen, die höher anzusetzen sind als die Bedarfsanalyse, die Computer mittels Algorithmen erstellen. Speziell in der Finanzdienstleistungsbranche sind die Personalkosten als größter Kostenfaktor anzusehen, bei der keine Fixkostendegressionseffekte eintreten und genutzt werden können.

---

[177] Vgl. *Dr. Jens Ehrhardt Kapital AG*, Unsere Leistungen, 2020, o. S.; *Comdirect Bank AG*, Die Kosten für Ihre digitale Vermögensverwaltung, 2020, o. S.; *Deutsche Bank DB Privat- und Firmenkundenbank AG*, Robin Gebühren, 2020, S. 4; *Max Heinr. Sutor oHG*, Vermögensverwaltung
Kosten, 2020, o. S.; *Scalable Capital Vermögensverwaltung GmbH*, Gebühren, 2020, o. S.; *Deutsche Bank AG*, Preis- und Leistungsverzeichnis der Deutschen Bank AG, 2019, S. 30; *Unicredit Bank AG*, HVB Vermögensverwaltung, 2020, S. 19.

Anbieter	Betrachtungszeitraum	
	2018	2019
Cominvest	-	15,4%
ROBIN	-	15,1%
Scalable Capital	-7,2%	13,0%
Solidvest	-	11,8%
Sutor Bank oHG (Robo)	-8,4%	13,4%
Commerzbank AG	4,3%	4,3%
Deutsche Bank AG	4,0%	4,0%
Sutor Bank oHG	2,3%	2,3%
Unicredit Bank AG	3,0%	3,0%
Benchmark 1*	-3,4%	18,3%
Benchmark 2**	-6,4%	15,6%

* MSCI World   alle Angaben p. a.
** Kommer Strategie 2011

Tabelle 6: Benchmark- und Performancevergleich beider Untersuchungsgruppen
Quelle: Eigene Darstellung[178]

Speziell der Benchmark- und Performancevergleich beider Untersuchungsgruppen zeigt die Problematik, dass die jeweilige Datenbasis, aus der sich die Wertentwicklung ableitet, vollständig divergiert und somit die Untersuchungsgruppen nicht direkt verglichen werden können. Bei den Robo-Advisors handelt es sich um die tatsächliche Performance der Jahre 2018 und 2019 auf Basis des „Echtgeld-Test". Da es keinen analogen „Echtgeld-Test" bei den individuellen Vermögensverwaltungen gibt, aufgrund viel höherer Mindestanlagesummen, wird von dem Institut für Vermögensaufbau im Focus Money Test auf Basis der Musterallokationen aus dem Jahr 2019 ein Durchschnittswert der letzten zehn Jahre gebildet. Hierbei ist jedoch nicht außer acht zu lassen, dass in dem gewählten Zeitraum von zehn Jahren zur Berechnung der durchschnittlichen Wertentwicklung auch die Auswirkungen der Finanzkrise 2008/2009 mit inbegriffen sind und die Performance stark beeinflussen. Als Datenquelle für die Marktdaten wird hierzu der Medienkonzern Thomas

---

[178] Vgl. *Franke-Media.net*, Jahresbilanz 2018, 2018, o. S.; *Franke-Media.net*, Jahresbilanz 2019, 2019, o. S.; *Franke-Media.net*, Jahresbilanz 2018, 2018, o. S.; *FOCUS Magazin Verlag GmbH*, Vermögensverwaltung Max Heinr. Sutor oHG, 2019, S. 10; *FOCUS Magazin Verlag GmbH*, Vermögensverwaltung UniCredit Bank AG, 2019, S. 10; *FOCUS Magazin Verlag GmbH*,

Vermögensverwaltung Commerzbank AG, 2019, S. 10; *FOCUS Magazin Verlag GmbH*, Vermögensverwaltung Deutsche Bank AG, 2019, S. 10; *Franke-Media.net*, Jahresbilanz 2019, 2019, o. S.

Reuters Corporation verwendet. Die Vergleichbarkeit zwischen den beiden Untersuchungsgruppen ist somit nur bedingt gegeben und nur unter verschiedenen Annahmen möglich. Obwohl im Focus Money Test keine Kosten der Vermögensverwaltungen berücksichtigt sind, im Gegensatz zum „Echtgeld-Test" der Robo-Advisor, und diese somit zusätzlich noch von der Performance abgezogen werden müssten, wird im weiteren Vergleich als zusätzliche Annahme dieses nicht berücksichtigt. Hintergrund ist, um die ohnehin schwierige bis unmögliche Vergleichbarkeit zwischen beiden Untersuchungsgruppen zum jetzigen Zeitpunkt ansatzweise zu ermöglichen, da als Betrachtungszeitraum nur die Jahre 2018 und 2019 herangezogen werden, dass die zum Teil negativen Wertentwicklungen der Vermögensverwaltungen nach der Finanzkrise nicht noch stärker in die Gewichtung der Performance für diese beiden Jahre gegenüber den Robo-Advisors einfließen. Eine Vergleichbarkeit ist somit nur bedingt für das Jahr 2018 möglich. Somit stellt Tabelle 6 kein valides Ergebnis dar, sondern diesbezüglich nur eine erste Indikation. Um ein valides Ergebnis für einen Benchmark- und Performancevergleich zu erzielen, müssen jährliche Performancedaten der etablierten Banken über die einzelnen Musterallokationen zur Verfügung gestellt werden. Dies hat den Vorteil, dass sich Einflüsse, wie z. B. Finanzkrisen, aus einem längeren Betrachtungszeitraum eliminieren lassen. Nur eine identische Datenbasis kann für einen hochwertigen Benchmark- und Performancevergleich zwischen beiden Untersuchungsgruppen verwendet werden, um die Frage zu beantworten ob und in welchem Ausmaß Performanceunterschiede zwischen diesen beiden Anlageformen auftreten.

3.5 Zwischenfazit

Unter Berücksichtigung der in den vorherigen Kapiteln vorgenommenen Marktanalysen der FinTechs mit ihren Robo-Advisors und den etablierten Banken im Asset Management mit dem Kundensegment Wealth Management ist eine kurze Darstellung der Ist-Situation bzgl. der Etablierung der Robo-Advisors beider Untersuchungsgruppen am Markt sinnvoll, um ein Zwischenfazit ziehen zu können, ob eine Transformation im Asset Management bereits stattfindet oder nicht.

Zum gegenwärtigen Zeitpunkt lässt sich feststellen, dass die zu Anfang von vielen Experten prognostizierte schnelle Veränderung und bevorstehende Disruption im Asset Management ausbleibt. Die Kundenanzahl und die damit verbundenen AuM aller Robo-Advisors steigen nicht so rasant und explosionsartig an wie noch vor einigen Jahren prognostiziert. Matthias Hübner, Partner bei der Oliver Wyman GmbH, begründet dies damit, dass viele FinTechs die Kosten für die Kundenakquise unterschätzen und es sich deshalb unter anderem auch um eine Nische im Finanzsektor handelt.[179] Potenzielle Kunden müssen sich am Finanzmarkt auskennen und zugleich internetaffin sein, um die digitalen Angebote der Robo-Advisors, unabhängig ob diese von FinTechs oder den klassischen Banken angeboten werden, zu nutzen. Dieses erfahrene Kundenklientel investiert jedoch bevorzugt eigenständig in ETFs, indem es z. B. publizierte Musterportfolios noch kostengünstiger als die Robo-Advisor-Anbieter nachbildet, vor allem auch deshalb, da einige Performanceentwicklungen nicht den Erwartungen am Markt, aufgrund der langanhaltenden „Bullenrally", entsprechen. Aber auch durch regulatorisch bedingte kompliziertere Onboarding-Prozesse werden viele potenzielle Nutzer abgeschreckt. Aus diesen genannten Gründen beträgt im Jahr 2018 das verwaltete Vermögen nur 3,9 Mrd. €, obwohl es sich gegenüber dem Jahr 2017 mehr als verdoppelt hat.[180] Der Robo-Advisor-Markt hat sich nach aktuellen Beobachtungen in die Richtung entwickelt, dass er nicht, wie anfangs hauptsächlich erwartet, die vermögenden Kunden (Wealth Management) der etablierten Banken gewinnt, sondern der Trend sich eher in das Kundensegment Retail-Kunden verschiebt. Viele Anbieter haben ihre zu anfangs geforderten fünf- oder sechsstelligen Mindestanlagesummen reduziert. Die Targobank AG hat z. B. bei ihrem Robo-Advisor „Pixit" die Mindestanlagesumme von 5.000 € auf 100 € gesenkt und andere Anbieter gehen mehr und mehr dazu über, die ersten 10.000 € dauerhaft gebührenfrei zu verwalten.[181]

Abschließend lässt sich festhalten, dass der Robo-Advisor-Markt aktuell so aufgestellt ist, dass es vereinzelte Anbieter mit hohen verwalteten Vermögen gibt wie z. B. Scalable Capital mit über zwei Mrd. €, jedoch ein großer Teil der Robo-Advisors nur mit einstelligen Millionenbeträgen arbeitet. Im unteren Rankingdrittel stehen dabei die Robo-Advisors der Banken. Faktisch gesehen weisen die Robo-Advisor der FinTech-Unternehmen derzeit noch marginale ökonomische Effekte auf und sind deshalb im Segment Nischenmarkt anzusiedeln.[182] Dies wird auch darin bestärkt, dass Deutschland nicht als ein „Selbstentscheider-" sondern als ein Vertriebsmarkt anzusehen ist.[183]

---

[179] Vgl. *Frankfurter Allgemeine Zeitung GmbH*, Robo-Advisor, 2019, o. S.

[180] Vgl. *Statista GmbH*, Robo-Advisors - Entwicklung, 2019, o. S.

[181] Vgl. *Freiberger, H.*, Ein Robo für alle, 2019, o. S.

[182] Vgl. *Fischer, D. R., et al.*, FinTechs - Viel Lärm um nichts!?, 2018, S. 6–7.

[183] Vgl. *Dohms, H.-R., Kirchner, C.*, Wie Deutschlands Banken ihre Robo Advisor absaufen lassen, 2019, o. S.

Trotzdem sind Ansätze einer Transformation im Asset Management festzustellen durch eine steigende Anzahl an Robo-Advisor-Systemen, sowohl bei FinTechs als auch bei Banken, die sie ihren Kunden als Service anbieten und der Zunahme an Digitalisierungsprozessen.

4 Kurzfristige Lösungsansätze

Banken stehen vor dem Dilemma, neben Kostendruck, Ergebnisproblemen, schlechtem Image, um nur einige Gründe anzuführen, die richtigen Entscheidungen bzgl. der Digitalisierung in ihren Häusern zu treffen. Hierunter ist die Herausforderung durch die FinTechs zu verstehen, die mit digitalen Prozessen Teilbereiche der Wertschöpfungskette der Banken angreifen. Bezüglich der Frage, wie sie mit der automatisierten Vermögensverwaltung der Robo-Advisors durch FinTechs umgehen sollen, gibt es drei Möglichkeiten, die eigene Inhouse-Entwicklung, die Übernahme der FinTech-Unternehmen mit ihren Robo-Advisors und die Kooperation mit diesen neuen Marktteilnehmern.

Im folgenden Abschnitt wird untersucht, welche der drei genannten Alternativen für die Banken als kurzfristiger Lösungsansatz der geeignetste ist.

4.1 Inhouse-Entwicklung

Bei der Eigenentwicklung eines Robo-Advisors nutzten die Banken ihre bereits vorhandenen Ressourcen in Form von IT-Know-how, Personalkapazität und den gesammelten Informationen aus den Kundenbedürfnissen der letzten Jahre, um diesen Service maßgeschneidert zur Verfügung zu stellen. Die Banken können bei einer Entwicklung im eigenen Haus die Kompetenz im Asset Management nutzen und ihren Kunden diesen zusätzlichen Service digital über das Internet anbieten. Dabei ist zu beachten, dass das neue digitale Angebot nicht in Konkurrenz zu bereits vorhandenen Produkten, wie der individuellen oder standardisierten Vermögensverwaltung steht, sondern als Ergänzung zur Anlageberatung vor Ort gesehen wird. Einer der größten Vorteile dieser Inhouse-Entwicklung besteht darin, dass von Anfang an ein Robo-Advisor entwickelt wird, welcher mit der IT-Infrastruktur der Bank kompatibel ist. Der Trend, dass Kunden sich vor einem Anlagegespräch bei ihrem Bankberater immer intensiver selbst informieren, kann mithilfe des selbst entwickelten Robo-Advisors aufgegriffen werden. Kunden können somit im Vorfeld mithilfe des Robo-Advisors auf interessante und geeignete Produkte hingewiesen werden. Als Konsequenz daraus ist zu sehen, dass eine individuelle Anlageberatung im Beratungsgespräch in der Filiale nicht mehr so viel Zeit in Anspruch nimmt und somit aus Sicht der Banken effektiver ist. Auch vor dem Hintergrund, dass die Filialnetze der Banken in Deutschland zunehmend kleiner werden, ist dies ein zusätzliches Angebot für Kunden deren Standorte nicht in der Nähe einer Bankfiliale liegen. Die Besonderheit bei der Eigenentwicklung im Vergleich zu einer Kooperation mit einem FinTech, ist darin zu sehen, dass Cross-Selling-Ansätze zu

Beginn bereits implementiert werden können und somit die erweiterte Produktnutzung und der Produktabsatz steigt oder dieser Geldanlageassistent die Vorteile einer persönlichen Beratung vor Ort stärkt.[184]

Zunächst müssen die Banken bei der Produktentwicklung eindeutig die zu erreichende Kundenzielgruppe definieren. Hierbei steht in erster Linie das Kundensegment Private Banking aus drei Gründen im Fokus. Erstens werden diese, aufgrund der Altersstruktur vorhandenen, internetaffinen Kunden mit erhöhtem Anlagepotenzial seit einigen Jahren aus Vertriebsgesichtspunkten vernachlässigt, zweitens da die Robo-Advisor-Anbieter auch in diesem Marktbereich aktiv sind und die Kunden der etablierten Banken versuchen abzuwerben und drittens sie eine digitale Alternative etablieren müssen, auch um in diesem Segment potenzielle Neukunden zu gewinnen.[185] Diese neu zu gewinnenden Kunden, mit einem über dem Durchschnitt liegenden Einkommen und Vermögen, können in einigen Jahren wiederum von Interesse für die individuelle Vermögensverwaltung und das Kundensegment Wealth Management sein.

Darüber hinaus werden alle notwendigen Risikoparameter und Algorithmen auf die Bedürfnisse der Kunden der jeweiligen Banken angepasst, um so den bestmöglichen späteren Erfolg mit diesem Service zu erzielen. Es besteht auch die Möglichkeit diese Inhouse-Lösung an Externe zu verkaufen oder mit ihnen eine Kooperation einzugehen. Somit kann die Bank Zusatzerträge auf der einen Seite generieren und auf der anderen Seite potenzielle Neukunden gewinnen.

Auf der personellen Seite besteht die Möglichkeit zusätzliches Personal für die Inhouse-Entwicklung eines Robo-Advisor-Systems von FinTech-Unternehmen zu rekrutieren. Dabei handelt es sich in erster Linie um IT-Mitarbeiter mit entsprechendem Know-how, die neue Denkansätze in die traditionell eher konservativ geführten Bankenbereiche einbringen. Dieses Rekrutieren wird bisher jedoch noch nicht intensiv von den Banken betrieben.[186] Da die kulturellen Unterschiede in der Arbeitskultur sehr gegensätzlich sind, besteht aber ein erhöhtes Risikopotenzial Mitarbeiter auf Dauer erfolgreich in Banken zu integrieren.

Als nachteilig können der große Zeitaufwand und die hohen Investitionen angesehen werden. Eine Studie von Forrester zeigt, dass 52 % der untersuchten Inhouse-

---

[184] Vgl. *Avicento AG*, Banken-RoboAdvisor, 2020, o. S.

[185] Vgl. *Wolf, T., Ficht, S.*, Automated Advice, 2017, S. 10.

[186] Vgl. *Weimann, J.*, FinTechs vs. Banken, 2016, o. S.

Entwicklungen längere Zeit zur Realisierung in Anspruch nehmen als geplant.[187] Bei den Investitionen ergibt sich, dass 88 % der untersuchten Projekte höhere Kosten verursachen als budgetiert.[188] Auch wenn die Studie sich nicht explizit auf Robo-Advisor-Entwicklungen in Deutschland beschränkt, verdeutlicht sie jedoch die Risiken, die mit einer Inhouse-Lösung verbunden sind. Ein vollständig entwickeltes Produkt kann darüber hinaus vielen Monate oder mehr als ein Jahr als Entwicklungszeit in Anspruch nehmen. Nicht zu unterschätzen sind auch die Personalressourcen, die bei diesen Entwicklungsprojekten gebunden werden. Aus diesem Grund gehen viele Banken dazu über bereits vor der endgültigen Fertigstellung mit einem Minimum Viable Product (MVP) in den Markt zu gehen, damit zum einen entweder die ersten Erfolge und Erträge, nach einer langen Entwicklungszeit, in der nur Kosten entstehen, erzielt werden können und zum anderen, um ein erstes handlungs- und marktrelevantes Feedback zu bekommen. Ebenfalls kritisch zu betrachten ist die Gefahr, dass bei komplexen Inhouse-Entwicklungen kontinuierlich Updates erforderlich sind, die mit höheren Wartungsarbeiten zu versehen sind. Dieses nicht zu unterschätzende Risiko konterkariert die eigentliche Zielsetzung, dass im Asset Management der Robo-Advisor integriert werden kann und als Ergänzung für das Kundensegment Wealth Management fungiert. Darüber hinaus besteht bei der Eigenentwicklung eines Robo-Advisors die Gefahr, dass die Lösung einen niedrigeren Innovationsgehalt beinhaltet, als dies aufgrund der FinTech-Kultur der Fall ist und darüber hinaus eine Neuentwicklung oftmals für die Banken komplexe bzw. neue Geschäfts- und Themenfelder sind, die nicht automatisch als effiziente Alternative angesehen werden können.[189]

Die Problematik der möglicherweise längeren zeitlichen Entwicklungsphase für eine Inhouse-Lösung ist nicht zu vernachlässigen. Generell kann eine Eigenentwicklung eine Option sein, um nicht auf andere Unternehmen bzw. Marktteilnehmer angewiesen zu sein und eigene Anforderungen an einen Robo-Advisor zu realisieren.

---

[187] Vgl. *Forrester Research, Inc*, Platform Economics Are Disrupting The Banking Industry, 2018, S. 4.

[188] Vgl. *Forrester Research, Inc*, Platform Economics Are Disrupting The Banking Industry, 2018, S. 5.

[189] Vgl. *Oser, E., Baumann, K.*, Modelle zur Zusammenarbeit von Banken und FinTechs, 2018, S. 6.

4.2 Übernahme

Bei einer Übernahme von FinTechs bzw. deren Robo-Advisors seitens der Banken besteht die größte Herausforderung darin, zu welchem Zeitpunkt eine Übernahme als wirtschaftlich sinnvoll zu sehen ist. Der Entscheidungsprozess, ob die Banken bereits im „early stage" eine Übernahme tätigen und somit geringere Kosten für die Übernahme aufbringen müssen oder zu einem späteren Zeitpunkt („late stage") agieren, ist neben der Auswahl des FinTechs von gravierender Bedeutung. Das Risiko mit der Übernahme zu lange bei einem erfolgsversprechenden Robo-Advisor-Anbieter zu warten, besteht darin, dass ein Wettbewerber dieses Unternehmen übernimmt oder die Investitionssumme zu einem späteren Zeitpunkt höher ist.

Bei diesem Szenario ist eine Grundvoraussetzung, dass die Banken eine mögliche Akquisition budgetiert haben. Neben der einmaligen Kaufpreiszahlung, welche je nach Zeitpunkt der Übernahme unterschiedlich ausfallen kann, Scalable Capital hat bereits seit Mitte des Jahres 2017 einen Marktwert von über 150 Mio. €, bestehen weitere (nachgelagerte) Herausforderungen für die Banken, welche zuvor im Entscheidungsprozess berücksichtigt werden müssen.[190]

Bei einer Übernahme eines am Markt agierenden Robo-Advisors besteht die Notwendigkeit, dass dieser Robo-Advisor in die IT-Landschaft der Banken integriert werden muss. Ist diese IT-Integration kurzfristig als realisierbar anzusehen, ist dies als großer Vorteil des Übernahme-Szenarios anzusehen. Der zeitliche Vorteil schnell am Markt mit einem Robo-Advisor zu agieren, kann zu Kundenzuwächsen und Wettbewerbsvorteilen führen. Dieser Lösungsansatz bietet sich auch an, wenn die Entwicklungsressourcen der Banken begrenzt sind. Eine Einschränkung besteht aber bzgl. aller zu übernehmenden Inhalte des Robo-Advisor-Systems. Zudem erwerben die Banken nicht immer nur das Robo-Advisor-System alleine, sondern eventuell das gesamte FinTech-Unternehmen und damit auch alle Mitarbeiter. Das zu übernehmende IT-Personal erscheint für die Banken sinnvoll, da eine Implementierung des Robo-Advisor-Systems in die bestehenden IT-Systeme der Banken ohne Know-how Transfer mit Schwierigkeiten verbunden ist. Das komplette restliche Personal des zu übernehmenden FinTechs erhöht jedoch die Personalkosten der Banken erheblich. Abfindungen oder ein Betriebsübergang nach § 613a BGB (Rechte und Pflichten bei Betriebsübergang) können die Banken erheblich

---

[190] Vgl. *Dohms, H.-R.*, Blackrocks fette Wette auf den deutschen Robo-Advisor-Markt, 2019, o. S.

kostenseitig belasten.[191] Eine ausführliche Due-Diligence-Prüfung ist ebenfalls unerlässlich. Ihr Ziel ist es dem Käufer fundierte Informationen über die Finanz-, Ertrags- und Vermögenslage mithilfe der Bilanz und Gewinn- und Verlustrechnung zu liefern und wesentliche Risiken zu identifizieren.[192] Es ist dabei aber zu berücksichtigen, dass viele FinTechs mit ihren Robo-Advisors noch nicht lange am Markt aktiv sind, im Durchschnitt seit zwei Jahren, wodurch eine fundierte Due Diligence Prüfung, speziell wenn nur das Robo-Advisor-System übernommen werden soll, sich als schwierig erweisen kann.

Ebenso können weitere Herausforderungen seitens der Banken dahingehend bestehen, dass aufgrund der unterschiedlichen Strukturen, Sichtweisen und Corporate Governance eine einheitliche Unternehmenskultur bei Übernahme des gesamten FinTech-Unternehmens entwickelt werden muss. Die Banken haben die Aufgabe diese Kulturen entweder miteinander zu vereinen oder die bereits seit langem vorhandenen Firmenkulturen der Banken auf das FinTech zu übertragen. Das Risiko bei einer Übertragung einer Firmenkultur auf ein zu übernehmendes FinTech besteht darin, dass dies die Kreativität, die Innovationskraft und das selbständige Handeln einschränkt, das neue Personal demotiviert und nach kurzer Zeit somit viele Mitarbeiter kündigen. Die Banken benötigen aber viele dieser neu zu übernehmenden Mitarbeiter mit ihren innovativen Ideen, da sie im Vergleich zu dem bestehenden IT-Personal der Banken neue Modelle und Produkte für ihre Kunden entwickeln können. Die beiden Schwerpunktbereiche Due Diligence und das später notwendige Integrationsmanagement sind unter diesen genannten Risiken sehr wichtige Entscheidungsparameter, die es aus Sicht der Banken zu berücksichtigen gilt.

Trotz dieser Risiken und Herausforderungen können folgende Gründe für eine kurzfristige Übernahme von FinTechs sprechen:[193]

1. Das FinTech-Unternehmen bzw. der Robo-Advisor steht in einem signifikanten Konkurrenzverhalten zu den Produkten, welche die Banken ihren Kunden offerieren.

---

[191] Bürgerliches Gesetzbuch in der Fassung der Bekanntmachung vom 2. Januar 2002 (BGBl. I S. 42, 2909; 2003 I S. 738), das zuletzt durch Artikel 1 des Gesetzes vom 21. Dezember 2019 (BGBl. I S. 2911) geändert worden ist.

[192] Vgl. *Engelhardt, C.*, Mergers & Acquisitions, 2017, S. 11 ff.

[193] Vgl. *Bocks, B.*, Kooperieren oder aufkaufen?, 2017, o. S.

2. Die wirtschaftlichen Kennzahlen einen FinTech-Anbieter aufzukaufen sind höher zu bewerten als für die Dienstleistung zu zahlen.

3. Der Kauf eines Robo-Advisors erweitert das Dienstleistungs- und Produktangebot der Banken für ihre Kunden und führt zu größeren Marktanteilen in diesem Segment.

Zusammenfassend bestehen bei der Übernahme eines FinTech-Unternehmens Vor- und Nachteile, die es gilt abzuwägen. Die Banken müssen bezüglich ihrer Strategie- und Unternehmensausrichtung eine individuelle Entscheidung treffen. Jede Firmenübernahme ist jedoch mit dem Risiko des nicht zu erreichenden Ergebnisses verbunden. Die Unsicherheiten bzgl. unerwarteter Kosten bei der Implementierung in die IT-Infrastruktur, die zu hohen kulturellen Unterschiede, um nur diese beiden Punkte zu nennen, beinhalten ein hohes Risikopotenzial.

4.3 Kooperation

Die in der Literatur als Win-Win-Situation beschriebene Kooperation zwischen FinTechs mit ihren Robo-Advisors und den Banken ist für beide Seiten eine sinnvolle Entscheidung und zeigt eine hohe Relevanz unter Ertragsgesichtspunkten im Asset Management über alle drei Kundensegmente Retail Banking, Privat-Banking und Wealth Management auf. Es müssen jedoch zuvor einige wichtige Punkte aus Sicht der Banken berücksichtigt werden, damit die Kooperation auch nachhaltig von Erfolg geprägt ist. Ausgangspunkt vieler Kooperationen ist, dass Banken für ihren etablierten Kundenstamm nach innovativen Technologien suchen, während FinTechs mit ihren Robo-Advisors diese Technologie für den Markt entwickelt haben oder bereits anbieten und Neukunden damit gewinnen wollen.[194] Die Banken profitieren vom technologischen Know-how der FinTechs und die FinTech-Unternehmen erhalten einen skalierbaren Marktzugang.[195] Für die erfolgreiche Zusammenarbeit zwischen Banken und FinTechs ist eine strukturierte Vorgehensweise unerlässlich, da nur so alle Parameter die entsprechende Beachtung erhalten, welche essenziell für den Erfolg der Partnerschaft notwendig sind. Die Banken müssen dabei drei wesentliche Schwerpunkte in ihrem Entscheidungsprozess berücksichtigen.

---

[194] Vgl. *Klein, G.*, Robo-Advisor und Banken, 2017, o. S.
[195] Vgl. *Weimann, J.*, FinTechs vs. Banken, 2016, o. S.

Erstens die Wahl des passenden FinTechs, welche eine große Herausforderung ist. Am Anfang muss eine vollständige Analyse des Geschäftsmodells des FinTech-Unternehmens durchgeführt werden. Der Entscheidungsprozess, ob nur ein FinTech-Anbieter mit einer Softwarelösung ohne oder mit eigenem Marktauftritt als potenzieller Partner in Frage kommt, hängt dabei nicht alleine von der technischen Kompetenz ab.[196] Bei der Wahl des richtigen FinTechs müssen sich die Banken auch darüber im klaren sein, ob sie nur eine Dienstleistung, wie z. B. in dieser Arbeit ein Robo-Advisor-System für eine bestimmte Zeitdauer in Anspruch nehmen möchten oder eventuell zu einem späteren Zeitpunkt weitere Dienstleistungen, wie z. B. im Bereich Kredit oder Zahlungsverkehr nutzen wollen, da dies die Auswahl der FinTech-Unternehmen weiter einschränkt. Als Kriterien für die Entscheidung stehen hierfür z. B. das verwaltete Vermögen oder die Nutzeranzahl zur Auswahl. Letztendlich ist es für die Banken mitentscheidend, in welcher Form die vom FinTech programmierten Algorithmen die Risikoneigung und den damit verbundenen Auswahlprozess der Risikostufe bestimmen. Zum einen muss dieser Auswahlprozess sehr ähnlich dem allgemeinen Risikoverständnis der Wertpapieranlage der Banken entsprechen und zum anderen den regulatorischen Erfordernissen (z. B. Geeignetheitserklärung) nach WpHG. Ebenfalls ist aus Sicht der Banken für den Entscheidungsprozess wichtig, welche Art von Management sie ihren Kunden durch den Robo-Advisor anbieten. Die Frage, ob es sich um ein aktiv oder passiv gemanagtes Investment handelt und die Anlage hauptsächlich in klassische Investmentfonds oder auch in Einzeltitel erfolgt, müssen die Banken beantworten. Letztendlich müssen die Finanzinstitute die Entscheidung treffen, ob mit der Implementierung eines Robo-Advisors eine Alternative zu ihrer individuellen Vermögensverwaltung angeboten werden soll oder ob es eine Erweiterung ihres bisherigen Anlageportfolios in eine digitalisierte und Algorithmus basierte Vermögensverwaltung mit niedriger Mindestanlagesumme sein soll, die zudem kostengünstiger ist.

Als **zweites** Auswahlkriterium ist die Form der Zusammenarbeit zwischen Banken und FinTechs von Bedeutung. Erfolgsversprechend ist eine Kooperation, wenn am Ende eine strategische Partnerschaft zwischen beiden Teilnehmern entsteht. Beeinflusst werden kann die Entscheidung bzgl. der Zusammenarbeit auch von den verfügbaren Ressourcen.

---

[196] Vgl. *Klein, G.*, Robo-Advisor und Banken, 2017, o. S.

Die Black-Label-Lösung via Link steht hierbei sicherlich als die unkomplizierteste und schnellste Variante zur Verfügung.[197] Hierbei wird auf den Webseiten der Banken nur ein Link zum Robo-Advisor-Anbieter implementiert. Sollte ein Kunde diesem Link folgen und den Robo-Advisor-Service des externen Anbieters nutzen, erhalten die Banken eine Provision. Aus Sicht eines qualitativen Mehrwerts der Banken, als auch bei den Kunden, stellt diese Variante kein vielversprechendes Erfolgsmodell dar. Es besteht das Risiko, dass die Kunden entweder ihre nächsten Wertpapieranlagen direkt beim Anbieter auf dessen Webseite tätigen und die Banken keinen Ertrag daraus generieren können oder das die Kunden sogar ihre vollständiges Anlagevolumen von den Banken zum Robo-Advisor-Anbieter übertragen.

Als Alternative kann die standardisierte White-Label-Lösung angeführt werden. Sie unterscheidet sich auf den ersten Blick von der Black-Label-Lösung darin, dass bei dieser Variante der Robo-Advisor auf den Bankwebseiten an das Corporate Design der Banken angepasst wird.[198] Ziel ist demnach den Robo-Advisor so zu integrieren, dass die Banken weiterhin als Frontend am Kunden agieren und der Robo-Advisor als Backend mit seinen Algorithmen die Wertpapiere auswählt und die Anlage eigenständig übernimmt. Der Vorteil dieser Variante ist darin zu sehen, dass die Bankkunden die angebotenen innovativen Lösungen im vertrauten Umfeld ihrer Bank nutzen können.[199] Der Nachteil bei dieser Variante ist jedoch, dass die Banken zumeist weiterhin ihre eigenen Anlageprodukte, welche oftmals von der Inhouse-Vermögensverwaltung stammen, vertreiben möchten und dies bei der standardisierten White-Label-Lösung nicht der Fall ist, da der Robo-Advisor die zuvor in den Algorithmen implementierten Anlagelösungen bzw. Anlageemittenten als Anlagevorschlag empfiehlt. Um dies zu vermeiden sollten die Banken die Software-as-a-Service-Variante (SaaS), oder auch individualisierte White-Label-Lösung genannt, priorisieren. Es wird das technische Know-how des Robo-Advisors mit dem Markt- und Produkt- Know-how der Banken kombiniert und in einen automatisierten digitalen Prozess umgewandelt. Der Vorteil bei dieser SaaS-Lösung ist neben dem weiter vorhandenen Vertrieb im Wealth Management mit individuellen Wertpapierprodukten, die Kernkompetenzen und Geschäftsfelder durch

---

[197] Vgl. *Edelstoff Media GmbH*, White Label Robo Advisor, 2018, S. 5.

[198] Vgl. *Klein, G.*, Robo-Advisor und Banken, 2017, o. S.

[199] Vgl. im *Brahm, K.* , Moderne Banking-Ökosysteme vereinen Vorteile von Banken und Fintechs, 2019, o. S.

Cross-Selling-Ansätze am Kunden stärker zu nutzen, ohne Risiko, dass die Kunden in Zukunft nur noch beim Robo-Advisor-Anbieter ihre Geldanlagen direkt tätigen.

Als **dritter** entscheidender Parameter ist die Überwindung kultureller Unterschiede zu sehen, denen sich die Banken zu stellen haben. Grundsätzlich ist ein Unterschied in der IT-Infrastruktur beider Parteien festzustellen. Dies ist hauptsächlich auf die zeitliche Gründung der Unternehmen zurückzuführen. Die IT-Infrastruktur der Banken ist zumeist noch auf dem Stand der 60er und 70er Jahre und wird nur rudimentär erneuert bzw. optimiert, während die neuen Marktteilnehmer FinTechs erst seit einigen Jahren am Markt agieren und somit auf einer komplett neuen IT-Infrastruktur aufbauen.[200] Technisch gesehen muss die IT-Abteilung der Banken die entsprechenden Schnittstellen (APIs) den FinTechs zur Verfügung stellen, damit diese gemeinsam den Robo-Advisor in die Banksysteme implementieren können. Die IT-Unternehmensunterschiede müssen von beiden Parteien zu Anfang ausreichend analysiert werden. Neben der IT-Infrastruktur sind aber auch die hierarchischen Entscheidungsprozesse der Banken im Vergleich zu den flachen Hierarchien mit agiler Kommunikation der FinTechs ein grundlegender Unterschied. Dies lässt sich erklären durch die Größe (Mitarbeiteranzahl) und die unterschiedlich gewachsenen Strukturen beider Parteien. FinTechs müssen respektieren, dass aufgrund der Größe und der gewachsenen Strukturen bei Banken ein Veränderungsprozess längere Zeit in Anspruch nimmt, andererseits besteht bei Banken die Notwendigkeit bzgl. Anpassungsprozessen mehr Flexibilität zu zeigen. Diese kulturellen Unterschiede gilt es von Anfang an zu thematisieren, da diese oftmals zu einem Abbruch der Partnerschaft führen können.

Nur wenn die Banken bereit sind die aus ihrer Sicht teilweise innovativen Entscheidungsprozesse und das Procedere anzunehmen, kann der existierende kulturelle Unterschied zu einer erfolgreichen Partnerschaft überwunden werden. Mithilfe einer Kooperation können die komplementären Herausforderungen der Banken und FinTechs gemeinsam überwunden werden.

Einige der aufgeführten Entscheidungsprozesse können auch erst im Verlauf einer Kooperation auftreten. Diese dürfen aber nicht aus Zeit- oder Kostengründen vernachlässigt werden, da eine erfolgreiche Kooperation nur durch eine intensive Zusammenarbeit beider Parteien in den drei genannten Punkten möglich ist. Neben dem übergeordneten Ziel der Banken keine Kundengelder (AuM) an die neuen

---

[200] Vgl. *Alt, R., Puschmann, T.*, Digitalisierung der Finanzindustrie, 2016, S. VI.

Marktteilnehmer zu verlieren, müssen die Banken die Partnerschaft mit einem Fin-Tech-Unternehmen als große Chance ansehen. Sie können Wettbewerbsvorteile generieren durch einen Mehrwert, den sie mit einem Robo-Advisor-System ihrem Kundenklientel anbieten. Auf Basis dieser drei genannten entscheidenden Schwerpunkte einer Kooperation können abschließend drei Erfolgsfaktoren für eine zielführende Partnerschaft abgeleitet werden:[201]

1. Durchführung FinTech-Auswahlprozess
2. Festlegung der Erscheinungsformen der Zusammenarbeit
3. Berücksichtigung kultureller Unterschiede

Durch diese Zusammenarbeit der Banken mit den FinTechs in Form der individualisierten White-Label-Lösung (oder SaaS-Lösung), kann ein erster notwendiger kurzfristiger Schritt in Richtung einer Neupositionierung auf dem Finanzsektor erfolgen und eventuell Wettbewerbsvorteile erzielt werden. Diese Neuausrichtung kann als ein erster Ansatz einer Transformation im Asset Management der Finanzinstitute gesehen werden.

Zusammenfassend ist festzustellen, dass bei einer Kooperation mit einem Robo-Advisor-Unternehmen der Vorteil darin besteht, dass diese Zusammenarbeit und das daraus resultierende Produkt grundsätzlich für die Banken schneller realisierbar ist als eine Inhouse-Entwicklung, da die FinTech-Unternehmen bereits über ein voll funktionierendes Robo-Advisor-Produkt verfügen. Teilweise fungieren solche Produkte bereits aktiv am Markt und die Banken können aus dieser Expertise profitieren.[202] Risiken bzgl. einer längeren Entwicklungszeit als geplant oder höheren Entwicklungskosten als budgetiert treten bei der Variante Kooperation nicht auf. Darüber hinaus weist eine Kooperation geringere Kosten als die beiden zuvor analysierten Szenarien (Inhouse-Entwicklung und Übernahme) auf, da wie z. B. im Fall der DiBa nur die Erträge geteilt werden und keine Übernahmekosten oder Entwicklungskosten anfallen.

Als weiterer Vorteil bzw. als eine Win-Win-Situation wird gesehen, dass bei dieser strategisch gewählten Kooperationsform neue Digitalisierungsideen und -entwicklungen anhand eines permanenten Informationsaustausches über innovative

---

[201] Vgl. *Oser, E., Baumann, K.*, Modelle zur Zusammenarbeit von Banken und FinTechs, 2018, S. 8.
[202] Vgl. *Mayr, W., et al.*, Robo-Advisory Wertpapierberatung digital gestalten, 2018, S. 4

Prozesse für die Anlageberatung im Asset Management und auch andere Teilsegmente für beide Seiten kreiert werden.

Somit entsteht ein Co-Working beider Kooperationspartner in beide Richtungen und kein Versuch einseitige Vorteile aus der Kooperation zu ziehen.[203]

4.4 Ergebnis der Lösungsansätze

FinTech-Unternehmen werden heutzutage von Banken akzeptiert und als Geschäfts- bzw. Gesprächspartner auf Augenhöhe angesehen. Sie zeichnen sich dadurch aus, dass sie im Asset Management bzgl. Vermögensanlagen ausgesprochen kundenorientiert agieren, eine ausgeprägte Flexibilität in Bezug auf Kundenbedürfnisse zeigen und eine Vielzahl von praxisfähigen Innovationsideen entwickeln. Die Banken können dafür ihre vorhandene Finanzkraft und eine hohe Anzahl von Kunden bieten. Im IT-Bereich werden die FinTechs von den Banken als Technologiepartner angesehen. Es ist festzustellen, dass bei einer Zusammenarbeit zwischen FinTechs und Banken somit eine Win-Win-Situation entsteht.

Die Ausführungen zeigen, dass alle drei Szenarien sinnvoll erscheinen und Vorteile für die Banken bringen können. Ausschlaggebend sind die jeweiligen Prioritäten und die individuellen Projekte, in erster Linie Robo-Advisor-Systeme, die die Banken entwickeln bzw. integrieren wollen. Von großer Bedeutung bei allen Szenarien ist, dass die Lösungen kundenorientiert, modern und schnell zu realisieren sind.[204] Unter modern ist in diesem Fall Digitalisierung zu verstehen. Der Sicherheits- und Kostenaspekt darf selbstverständlich nicht unberücksichtigt bleiben.

Eine Inhouse-Entwicklung bietet sich an, wenn Banken ein Robo-Advisor-System installieren wollen, das individuelle, bankspezifische Eigenschaften beinhalten soll. Bei diesem kurzfristigen Lösungsansatz müssen aber weitere Voraussetzungen wie ausreichendes Budget für Entwicklungen und entsprechende Personalressourcen zur Verfügung stehen. Ebenso muss die Zeitspanne Time-to-Market in einem realistischen Verhältnis stehen. Die im Kapitel 4.1 darüber hinaus weiter aufgeführten Vor- und Nachteile dürfen bei dieser Variante nicht vernachlässigt werden.

---

[203] Vgl. *Oser, E., Baumann, K.,* Modelle zur Zusammenarbeit von Banken und FinTechs, 2018, S. 6.

[204] Vgl. *im Brahm, K.,* Moderne Banking-Ökosysteme vereinen Vorteile von Banken und Fintechs, 2019, o. S.

Alternativ dazu erscheint der Lösungsansatz einer Übernahme eines Robo-Advisor-Systems von einem FinTech-Unternehmen vorteilhaft, wenn der Implementierungsprozess als unproblematisch und kurzfristig realisierbar angesehen wird und die Entwicklungsressourcen begrenzt sind. Bei diesem Szenario kommt der Frage, ob nur das Robo-Advisor-System von einem FinTech übernommen wird oder das gesamte Fintech-Unternehmen eine besondere Bedeutung zu mit zum Teil erheblichen Auswirkungen, wie unter Punkt 4.2 beschrieben. Diese Variante setzt ebenfalls voraus, dass die notwendige Finanzkraft für eine Akquisition vorhanden ist. Nicht zu unterschätzen ist bei diesem Ansatz aber, dass eine Due-Diligence-Prüfung zeitintensiv ist und mit einem Risikofaktor eingestuft wird. Die Markteinführung eines Robo-Advisor-Systems ist somit möglicherweise nicht kurzfristig zu realisieren. Das Kooperations-Szenario wird gegenwärtig von den Banken am stärksten priorisiert und am Markt umgesetzt. Bei diesem Ansatz überwiegen die Vorteile eindeutig, wie kurzfristige Umsetzung, Flexibilität auch während der Kooperationsphase und ein kalkulierbares Risiko. Nebenbedingungen, dass die Implementierung des Robo-Advisor-Systems mit geringem Aufwand IT-technisch und unproblematisch umgesetzt werden kann und die Win-Win-Situation sowohl für die Banken als auch die entsprechenden FinTechs nachvollziehbar sind, werden vorausgesetzt. Diese Variante muss jedoch die Problematik der kulturellen Unterschiede einkalkulieren, die in der IT-Infrastruktur und den hierarchischen Entwicklungsprozessen auftreten.

Als Ergebnis aus den genannten drei Szenarien mit ihren jeweiligen Vorteilen, Risiken und individuellen Prämissen der Banken ergibt sich, dass das Kooperationsszenario, unter dem Gesichtspunkt eines kurzfristigen Lösungsansatzes, am geeignetsten erscheint. Das eingeschränkte Know-how der Banken bzgl. Robo-Advisor-Systemen und die begrenzten zur Verfügung stehenden Kapazitäten führen letztlich zu einer Kooperation mit den FinTech-Unternehmen, die für beide Seiten von Vorteil sind. Die Banken können ihre Entwicklungskapazitäten für andere Bereiche einsetzten und entsprechende neue Produkte kreieren oder Prozesse weiter digitalisieren. Die FinTechs profitieren bei diesem Kooperationsansatz von einem schnellen Zugang zu weiteren Kundengruppen von den Banken.[205] Der digitale Transformationsprozess im Asset Management ist somit bei diesem Lösungsansatz, bei einer kurzfristigen Zielorientierung, als erfolgreich anzusehen.

---

[205] Vgl. *Leichsenring, H. J.*, Elf Thesen zu Innovation in der Finanzbranche, 2017, S. 453.

5 Mittelfristige Lösungsansätze

Digital Banking ist heute alternativlos.[206] Aus einer Untersuchung von EY geht hervor, wie bereits unter Punkt 3.2 erwähnt, dass über 50 % der befragten Wealth Management Kunden in Erwägung ziehen in den nächsten Jahren eine digitale Anlageberatung in Anspruch zu nehmen.[207] Dieses Untersuchungsergebnis zeigt, dass die Banken einen großen Handlungsbedarf haben ihre Prozesse in allen Kundenkanälen zu automatisieren, um den Anschluss an die Digitalisierung nicht zu verlieren. Die Digitalisierung als ganzheitlicher Prozess bietet den Banken die Chance auch in Zukunft eine führende Position am Finanzmarkt einzunehmen.

In den nächsten Kapiteln werden mittelfristige Lösungsansätze aufgezeigt, bezüglich des erforderlichen Strukturwandels innerhalb der Banken, der notwendigen IT-Infrastruktur in Form von Cloud Computing, API-Schnittstellen und Big Data Analytics, sowie Veränderungen, die im Kundensegment Wealth Management notwendig sind.

5.1 Strukturveränderungen innerhalb der Banken

Die Ausgangssituation, dass zunehmend innovative Technologien angeboten werden und das Kundenverhalten sich stärker und vor allem schneller verändert, stellt die Banken vor große Herausforderungen in ihrem bisher seit Jahrzehnten gelebten Silo-Denken und den vorhandenen Legacy-Strukturen.[208] Nicht ausschließlich die Banken, sondern auch alle anderen Marktteilnehmer in der Finanzbranche, befinden sich in einem wettbewerbsintensiven, schnelllebigem Ökosystem. Durch die zunehmende Digitalisierung und Vernetzung wird den Kunden eine höhere Transparenz und bessere Informationen tagesaktuell ermöglicht, weshalb ein Umdenken und Umbruch innerhalb der Banken stattfinden muss, um in den nächsten Jahren nicht von anderen innovativeren Marktteilnehmern verdrängt zu werden. Der sich verändernde Wettbewerb zwingt die Banken dazu in allen Bereichen ihre Arbeitsabläufe vollständig zu überarbeiten, ihre Informations- und Produktionsprozesse von Grund auf neu zu organisieren und die Führungs- und Organisationsstrukturen neu auszurichten.[209] Die Banken müssen Arbeitsabläufe konsequent

---

[206] Vgl. *Zillmann, M.*, Banken - Den digitalen Wandel gestalten, 2015, S. 4.

[207] Vgl. *Ernst & Young Global Limited*, How to transform wealth management through digital technology, 2017, o. S.

[208] Vgl. *Rauer, J.-T., Fischer, V.*, Die Hybride Bank 2.0, 2016, o. S.

[209] Vgl. *Leichsenring, H. J.*, Silo-Management hat auch Vorteile - Cartoon, 2018, o. S.

mithilfe der IT automatisieren. Einzelne Arbeitsabläufe müssen entweder durch Inhouse-Entwicklungen bzgl. IT-Lösungen oder durch andere Cloud-Lösungsansätze wie z. B. „as a Service", auf das im nächsten Kapitel näher eingegangen wird, angepasst werden. Speziell die Informationsprozesse sind für eine zielgerichtete Ausrichtung der Kundenbedürfnisse entscheidend. Banken müssen die notwendigen Informationen ihren Kunden zum richtigen Zeitpunkt auf allen digitalen Kanälen zur Verfügung stellen, damit sie diese in ihren Entscheidungsprozess berücksichtigen können. Nur durch eine individuelle passgenaue Bereitstellung dieser Informationen für die Kunden kann es den Banken gelingen einen wirklichen Mehrwert für die Kunden zu generieren, welcher sich positiv gesehen auch in höheren Erträgen für die Banken widerspiegelt.

Eine hybride Infrastruktur, oder auch hybrides Ökosystem genannt, ist ein mittelfristiger Lösungsansatz, der sich den Banken als pragmatische Antwort auf die Digitalisierung bietet. Hierbei werden analoge und digitale Services zu einem Gesamtangebot für die Kunden verbunden, bei denen sie sich entscheiden können, welche Dienstleistung sie über Online- und/oder Offline-Kanäle in Anspruch nehmen möchten. Ziel dieses hybriden Modells ist es, die Vorteile aus der Online- und Offlinewelt zu kombinieren und weiterhin die unterschiedlichen Kundenklientelen wie „traditionelle Bankkunden" die z. B. eine persönliche Beratung bevorzugen und die digitale Zielgruppe, welche alle Informationen bis hin zum Produktabschluss digital erledigen möchten, bedienen zu können. Damit variieren auch die Kosten für die Kunden bzgl. persönlicher Beratung oder online Nutzung. Diese hybride Lösung können die Banken allerdings nur realisieren, wenn eine notwendige Basisstruktur dafür geschaffen wird und auch die Strategie der Banken dahingehend konsequent ausgerichtet ist. Die vorhandenen Silos („Silo-Denken") einzelner Bereiche müssen aufgespalten werden, um ein transversales Unternehmen mit hybriden Strukturen zu etablieren.

Darüber hinaus ist in den Banken immer noch eine Vielzahl der „Schritt-für-Schritt-Prozesse" anzutreffen, bei der die betreffenden Abteilungen erst sukzessive in die Entwicklung eines neuen Produktes, Prozesses oder Konzeptes involviert werden und nicht selten dadurch ein suboptimaler Umsetzungsprozess die Konsequenz ist. Diese Vorgehensweise ist einerseits zu zeitintensiv, wodurch einige innovative Ideen nach der Implementierung in die Systeme der Banken bereits schon nicht mehr up-to-date sind und führt andererseits zu größeren Abstimmungsproblemen unter den einzelnen Abteilungen, da oftmals die Mitarbeiter nur ihr Teilgebiet verstehen und das Gesamtkonzept mit seinen Vorteilen und Umsetzungsplänen nicht detailliert vorgestellt wird. Nur durch agile, bereichsübergreifende Prozesse und entsprechende Entwicklungsmethoden, bei denen von Anfang an alle involvierten Abteilungen und Fachkräfte mitwirken, können die Legacy Strukturen und das Silo-Denken, die eine betriebsame Arbeitskultur substanziell einschränken, abgestellt werden. Diese Prozesse gilt es effizient zu implementieren, um mithilfe dieser neuen flexiblen Methoden zeitnah auf Marktveränderungen reagieren zu können und den Fokus stärker auf die Kunden zu richten.

Ein weiterer Lösungsansatz, der immer größere Akzeptanz findet, ist der Plattformansatz. Unter einer Plattformstruktur ist ein zweiseitiger Markt zu verstehen bei dem die Auftraggeber und Auftragnehmer, sowie das Angebot und die Nachfrage mittels einer dreiseitigen Plattform abgelöst wird.[210] Hierbei gibt es zwei verschiedene Varianten, wie eine Plattform am Markt genutzt werden kann.

Zum einen können die Banken sich als eigener Plattformanbieter am Markt etablieren und externen Dienstleistern die Möglichkeit bieten ihre Leistungen auf dieser Plattform den Kunden zur Verfügung zu stellen. Vorteilhaft aus Sicht der Banken ist sicherlich zum einen, dass die Kunden aufgrund des sich ähnelnden Bankdesigns der Plattform, eine positive Verbindung mit ihren Banken assoziieren und eine starke Customer Journey erleben. Zum anderen schaffen die Banken hiermit einen Marktplatz (Plattform), bei dem innovative kundenorientierte Finanzlösungen den eigenen und potenziellen Neukunden angeboten werden und sie eine zusätzliche Ertragsquelle generieren, auch bei einem externen Abschluss, aufgrund von einer Provision, welche sie erhalten. Den Kunden werden somit Eigen- und Fremdleistungen unter bestimmen Rahmenbedingungen der Banken angeboten, die sie vergleichen können und sich danach für den Anbieter entscheiden können. Als zweites und zu bevorzugendes Modell in der Plattformökonomie können die Banken den Ansatz wählen, dass sie ihre Produkte auf einer bereits bestehenden Plattform wie z. B. bei der Check24 GmbH anbieten. Diese Variante hat den Vorteil, dass die Banken weder die erforderliche Plattform selbst aufbauen noch verwalten müssen und in einen Markt eintreten, welcher bereits von einer Vielzahl von Kunden genutzt wird. Bei der Eigenentwicklung kann dies erst durch positive Erfahrungen einzelner Kunden erzielt oder durch eine aufwendige und kostenintensive Marketingstrategie erreicht werden. Durch diesen neuen „Markt" können ebenfalls

---

[210] Vgl. *Greef, S., et al.*, Plattformökonomie und Crowdworking, 2017, S. 15.

potenzielle Neukunden gewonnen werden, wenn die Produkte den Kundenerwartungen entsprechen.

In der Literatur werden die Vielzahl von Plattformen auch als Banking as a Platform (BaaP) bezeichnet. Die Banken müssen analysieren in welchem Bereich ihre Stärken liegen und ihre strategische Ausrichtung dementsprechend ausrichten. Voraussetzung für diese beiden Plattformansätze ist jedoch, dass die Banken ihre Produkte vollständig digitalisieren und möglichst auch automatisieren, dass sie auf einer Plattform integriert werden können und darüber hinaus den Kunden einen wirklichen Mehrwert bieten. Eine reine Digitalisierung und Automatisierung der Produkte wird weder zielführend noch ertragssteigernd sein.

Nur durch eine klare strategische und zielgerichtete Positionierung der Banken kann es gelingen flexible, kundenorientierte Plattformen und Innovationen zu etablieren. Durch eine weitgehende Automatisierung, die Implementierung von flexiblen und agilen Arbeits- und Herangehensweisen, auch im Management und die Nutzung neuer Märkte (BaaP) haben die Banken neben einer effizienteren und zukunftsorientierten Struktur/Basis auch die Möglichkeit neue innovative Geschäftsmodelle stärker zu entwickeln und diese schneller am Markt zu platzieren (Time-to-Market). Die stärkere Fokussierung auf die Kundenbedürfnisse ist ein unumgänglicher Schritt, den es nicht zu unterschätzen gilt. Die Kundenzufriedenheit ist dabei der Schlüssel zum Erfolg, welcher nur durch die konsequente Implementierung disruptiver Innovationen erreicht werden kann.

5.2 Zukunftsorientierte IT-Infrastruktur

Neben den grundsätzlich notwendigen strukturellen Veränderungen innerhalb der Banken ist die IT-Infrastruktur eines der wichtigsten und zugleich herausforderndsten Steuerungssysteme mit tiefgreifenden Überarbeitungen, um mittelfristig zum einen auf dem Markt wettbewerbsfähig zu bleiben und zum anderen für den Kunden einen Mehrwert im Service zu schaffen. Hierzu gibt es in der Praxis unterschiedliche Lösungsansätze und IT-Modelle. Neben einer markt- oder effizienzorientierten Zielsetzung sollten alle IT-Maßnahmen einen flexiblen Ansatz verfolgen, um Anpassungen durch sich schnell verändernde Kundenanforderungen, vornehmen zu können.[211] Die Ausgangsbasis der Banken ist jedoch eine teilweise bis zu 40 Jahre alte IT-Infrastruktur, die sich nachteilig gegenüber den FinTech-

---

[211] Vgl. *Hach, W., et al.,* Plan D – konsequent digital, 2016, S. 16.

Unternehmen auswirkt.[212] Die zu bewältigende Herausforderung der Banken liegt darin, dass sie ihre Kernbanksysteme auf ein ganzheitlich digitales Geschäftsmodell umstrukturieren müssen, um schneller, preiswerter und ressourcenschonender agieren zu können. Hierunter sind neben Anwendungsservices wie z. B. der Personalwirtschaft der Banken auch alle Kundensegmente und jeder einzelne Prozess Front-to-End zu verstehen.[213]

Ein möglicher Lösungsansatz, um schnell auf die Kundenbedürfnisse reagieren zu können und von Banken bereits vereinzelt in Geschäftsfeldern umgesetzt wird, sind Cloud-Services bzw. Cloud Computing oder einfach nur die Bezeichnung Cloud. Cloud Computing kann in diesem Zusammenhang als ein *enabler* gesehen werden und bietet die Möglichkeit, dass Banken von externen Unternehmen Computerressourcen schnell und einfach, wie z. B. Speicherplatz, Software, Datenbanken, Analysetools oder Server über das Internet nutzen können ohne dabei eigene Soft- oder Hardware zu benötigen, ihre immer größer werdenden Datenmengen redundant speichern können und auch in administrativen Tätigkeiten (Verwaltung, Softwareupdates) entlastet werden.[214] Cloud Computing ist bereits seit einigen Jahren am Markt bekannt und gewinnt immer mehr an technologische Reife, weshalb Unternehmen verstärkt zu dieser Lösung übergehen. Der jährliche Hype Cycle für Cloud Computing der Technologieberatung Gartner ordnet neue noch nicht am Markt vollkommen etablierte Technologien fünf verschiedenen Phasen der Reife und Akzeptanz am Markt (Innovation Trigger, Peak of Inflated Expectations, Trough of Disillusionment, Slope of Enlightenment, Plateau of Productivity) zu und trifft zusätzlich eine zeitliche Aussage darüber, ob und in welchem Zeitraum diese Technologien den höchsten Grad der Produktivität erreichen und somit die potenzielle Relevanz zur Lösung von Geschäftsproblemen bieten.[215]

---

[212] Vgl. *Friedrich, H., Schiefelbein, M.*, Finanzwelt im Umbruch, 2013, S. 53.
[213] Vgl. *Tölkes, C., Schmidt, N.*, Moving to the cloud, 2018, S. 3.
[214] Vgl. *Henkel, M.*, Software as a Service, 2016, o. S.
[215] Vgl. *Gartner Inc.*, Hype Cycle Research Methodology, 2020, o. S.

Abbildung 3: Gartner Hype Cycle for Cloud Computing, 2019
Quelle: *Gartner Inc.*, Cloud Hype Cycle – 2019, 2019, o. S.

Aus dem Cloud Hype Cycle 2019 ist zu erkennen, dass sich die Serviceangebote Platform as a Service (PaaS) und „Infrastructure as a Service (IaaS) im Bereich „Slope of Enlightenment" und die SaaS-Variante im hinteren Grafikbereich „Plateau of Productivity" befinden. Der Bereich „Slope of Enlightenment" beinhaltet Technologien, welche nach ersten Enttäuschungen und nicht erfüllten Erwartungen wieder an Präsenz gewinnen, da die Vorteile in der Umsetzung und das daraus resultierende Verständnis an der Technologie wächst. Die SaaS-Variante befindet sich bereits im Status „Plateau of Productivity". Technologien, welche in diese Kategorie eingeordnet werden, gelten als solide und sinnvolle Entwicklungen ohne Kinderkrankheiten und erfüllen realistisch umsetzbare Erwartungen, die den höchsten Grad der Produktivität erreicht haben. Vorteile werden allgemein anerkannt und bilden einen Mehrwert für alle Marktteilnehmer. Die Banken haben grundsätzlich drei Möglichkeiten welches Angebot der Serviceanbieter sie nutzen möchten. Unabhängig von der gewählten Variante handelt es sich hierbei immer um eine Auslagerung (Outsourcing) von Prozessen und Anwendungen.[216]

---

[216] Vgl. *Buxmann, P., et al.*, Software as a Service, 2008, S. 500–503.

IaaS kann dabei als niedrigster Service-Level angesehen werden. Der Cloud-Service-Anbieter stellt bei diesem Service nur die Netzwerkverbindung und den Speicherplatz im Rechenzentrum zur Verfügung. Den Banken obliegt eigenverantwortlich welche Daten und Anwendungen sie in der Cloud speichern. Vorteile dieser IaaS Lösung liegen bei niedrigen und gut kalkulierbaren Kosten für diesen Service. Als nachteilig wirkt sich aus, dass die Banken für Updates der gespeicherten Anwendungen und die Konfiguration selbst verantwortlich sind und somit zum einen kein Kosteneinsparpotenzial für diese Prozesse, z. B. in Form von Personalressourcen erzielen und zum anderen nur eine bedingt eingeschränkte Reduktion des Betriebsaufwandes erreicht wird.

Die Variante PaaS beinhaltet neben den soeben aufgeführten Services zusätzlich die Bereitstellung und Verwaltung des Betriebssystems durch den Cloud-Service-Anbieter. Durch diese zusätzlichen Dienstleistungen können neben der Möglichkeit von Entlastungen für administrative Tätigkeiten und dem damit verbundenen Effekt von Einsparungen im Personalbereich der IT der Banken auch flexiblere Applikationen mit zusätzlichen Funktionalitäten, wie bspw. mittels Reportings erzielt werden. Eine Veränderung oder Anpassung im Betriebssystem für bestimmte Anforderungen der Anwendungen der Banken ist, wenn überhaupt, nur mit hohen Zusatzkosten für den Nutzer verbunden und somit als Einschränkung zu bewerten. Das höchste Integrationslevel wird mit der SaaS-Variante erreicht. Im Gegensatz zu den Leistungen bei IaaS und PaaS wird bei SaaS eine Komplettlösung angeboten, in der die Problemlösung im Vordergrund steht und nicht ausschließlich Einsparpotenziale. Unter Komplettlösung ist zu verstehen, dass neben der zur Verfügungsstellung der Computerressourcen zur Datenspeicherung und Auswertung auch vollständig standardisierte Kernbanksysteme den Banken in der Cloud genutzt werden können.[217] Die Banken können sich mithilfe der SaaS-Lösung vollständig auf die Entwicklung und Realisierung neuer Kundenanwendungen konzentrieren. Sie können unkompliziert, bedarfsorientiert und schnell IT-Ressourcen wie z. B. Rechenleistung und Speicherkapazität erhöhen oder reduzieren und davon profitieren, dass der externe Anbieter von Cloud-Services sein Datencenter immer auf dem aktuellsten Stand der Technik hält.[218] Dieses können die meisten Banken mit

---

[217] Vgl. *Tölkes, C., Schmidt, N.*, Moving to the cloud, 2018, S. 3.

[218] Vgl. *Könsgen, R., Schaarschmidt, M.*, Key Performance Indicators für Software as a Service, 2018,
S. 32–34.

eigenen Datencentern aus Kostengründen nicht gewährleisten. Aus der permanenten Aktualisierung der Datencenter entstehen niedrigere Netzwerklatenzen für Softwareanwendungen für die Banken, aber auch schnellere und effizientere Hardware, welche die Banken zur Nutzung ihrer Analysetools z. B. für Marktdaten verwenden.

Die notwendige Zuverlässigkeit und Sicherheit der Daten wird bei den Cloud-Service-Anbietern durch eine redundante Datenhaltung an mehreren Standorten gewährleistet. Den Banken können deshalb eine höhere Sicherheit ihrer Daten garantiert werden, als auf ihren eigenen Servern, da diese im Netzwerk des Cloud-Anbieters gespiegelt werden und somit die Gefahr eines vollständigen Datenverlustes vermeiden. Darüber hinaus ist oftmals ein besserer Schutz dieser Datencenter gegenüber potenziellen, externen Bedrohungen gegeben, als bei den Banken. Nachteilig ist anzumerken, dass die Datenspeicherung auf Servern außerhalb der EU nicht mehr unter die europäischen Datenschutzrichtlinien fallen und deswegen eine Veröffentlichung der Daten oder sogar ein Datenmissbrauch entstehen kann.[219]

Für welche dieser drei Lösungen sich die Banken entscheiden, hängt von Ihrer Zielsetzung ab. Soll die Cloud und der externe Dienstleister nur als Datenspeicherung der Kundendaten dienen und somit nur die Datencenter der Banken ersetzen, bietet sich die IaaS-Lösung an. Stehen flexiblere Applikationen und Reduzierungen der Kosten zur Erstellung und Ausführung von Anwendungen im Vordergrund, bietet sich die PaaS-Version an. Wollen die Banken sich vollständig auf innovative Anwendungen für ihre Kunden konzentrieren, die hohen Fixkosten der IT reduzieren und komplette Strukturen hochladen, ist die SaaS-Variante zu prüfen. Aufgrund des zunehmend größeren Wettbewerbsdrucks müssen die Banken nicht nur die Digitalisierung erfolgreich vorantreiben, sondern auch den Innovationen einen hohen Stellenwert beimessen. Unter diesen Gesichtspunkten kann die SaaS für die Banken als vorteilhafter Lösungsansatz gesehen werden. Die bei der SaaS-Variante anfallenden Kosten sind im Vergleich zu den zuvor aufgeführten Cloud-Lösungen höher anzusetzen, jedoch kann sich bei konsequenter Reduzierung des eigenen IT-Personals und den Verwaltungskosten als Ergebnis eine zukunftsorientierte Lösung mit niedrigeren Fixkosten ergeben.

---

[219] Vgl. *Knochel, L.*, Cloud-Computing, 2020, o. S.

Zusammenfassend lässt sich sagen, dass die Banken die Flexibilität, auch unter dem Gesichtspunkt Time-to-Market bei neuen Anwendungen, eine Reduzierung ihrer IT-Kosten, die Skalierbarkeit und increase of revenue konsequent berücksichtigen sollten, um ihre mittelfristigen Ziele zu erreichen. Cloud-Service-Anbieter stellen hierzu die geeigneten Mittel zur Verfügung, um die Banken bei deren Vorhaben zu unterstützen.

Neben der Nutzung eines Cloud-Service-Anbieters müssen die Banken aber auch eine Entscheidung darüber treffen in welcher Form sie die zum Teil bereits vorhandenen API-Schnittstellen nutzen möchten. In diesem Kontext und auch durch das Inkrafttreten der Payment-Services-Directive-II-Richtlinie (PSD2) ist Open API, oder in Verbindung mit Banken auch oft als API Banking oder Open Banking bezeichnet, eine Möglichkeit untrennbare IT-Systeme (monolithische IT-Systeme) aufzubrechen, indem ein Daten- und Logikaustausch zwischen zwei unabhängigen Softwareanwendungen stattfindet.[220] Darunter ist zu verstehen, dass APIs einfach und schnell in Applikationen und Services von Drittanbietern integriert werden können und ein Austausch von Daten oder Banking-Funktionen ermöglicht wird.[221] Durch die PSD2 Verordnung, welche eine öffentliche API Schnittstelle darstellt, sind Banken seit dem 14.09.2019 verpflichtet Dritten eine Schnittstelle zur Verfügung zu stellen, damit diese nach Zustimmung der Kunden auf deren Bankdaten zugreifen können.[222] Grundsätzlich gibt es drei Arten von APIs.

Bei der öffentlichen API können Daten von externen Unternehmen, wie z. B. FinTechs verwendet werden, um sie in ihre eigenen Anwendungen zu integrieren oder umgekehrt. Durch den Einsatz öffentlicher APIs können Banken zum einen schneller und flexibler auf die Kundenbedürfnisse am Markt reagieren und zum anderen extern entwickelte Innovationen leichter in ihre modularen API-Schnittstellen integrieren, ohne diese Software entwickeln zu müssen. Für die Kunden bedeutet dies im Bezug zu ihrer Hausbank eine stärkere und innovativere Customer Journey. Als Vorteil und auch großes Ziel der Banken ist hierbei eine Expansion ihrer Reichweite, in Bezug auf Kunden, welche auch mit der Gewinnung von Neukunden einhergeht, da auch offene API-Schnittstellen bei z. B. Online-Händlern oder Immobilienanbietern genutzt werden können, zu sehen und eine mögliche Monetari-

---

[220] Vgl. *Sternkopf, C.*, API-Banking, 2019, o. S.
[221] Vgl. *Bramberger, M.*, Open Banking, 2019, S. 17.
[222] Vgl. *Deutsche Bundesbank*, PSD2, 2020, o. S.

sierung ihrer Daten.[223] Durch die Nutzung externer Schnittstellen können die Banken nicht nur zusätzliche Absatzmärkte erschließen, sondern auch interne Prozessabläufe auslagern und somit ihre Kosten reduzieren. Zum einen können externe Anbieter die zu erbringende Dienstleistung aufgrund von Skaleneffekten oftmals günstiger anbieten und zum anderen können die Banken sich vermehrt auf ihre Kernkompetenzen fokussieren.

Bei der Partner API ist nur einem definierten Netzwerk von Partnern ein Zugriff auf z. B. Kundendaten oder Softwareanwendungen und deren Funktionalität möglich.[224] Ähnlich wie bei der offenen API können Partnerschaften mit Unternehmen eingegangen werden, die zur Steigerung des Absatzes führen können und zugleich das Kundenerlebnis (Customer Journey) z. B. im Online-Banking stärken.

Die dritte Form von APIs ist die Private API. Hierbei ist nur ein Daten- und Logikaustausch für Entwickler und Nutzer innerhalb der Bank möglich, ohne Zugriff von externen Dritten, mit dem Ziel einzelne Anwendungen oder Prozessschritte miteinander zu verknüpfen und nicht mehr isoliert zu betrachten.[225] Die Banken können durch die Private API als geschlossenes Ökosystem betrachtet werden. Auch wenn diese Variante auf den ersten Blick nicht sinnvoll erscheint, da innovative externe Dienstleistungen nicht integriert werden können, sind die Vorteile darin zu sehen, dass die Private API innerhalb der Banken eine modernere Architektur implementiert, in der eine kostengünstige Anbindung neuer Anwendungen möglich ist und verschiedene Softwareanwendungen miteinander interagieren und Daten austauschen. Erst mithilfe dieser Struktur können modulare Systeme innerhalb der Banken flexibel kombiniert und ausgetauscht werden. Diese schrittweise Umsetzung zu einer digitalen Transformation stellt die Weichen für zukunftsorientierte Banken mit flexiblen und vor allem jederzeit austauschbaren Anwendungen aufgrund der Modularität.

Die Banken müssen die Innovationen anderer Dienstleister auf diesem Gebiet vermehrt nutzen und stärker als Konsument im Bereich von APIs am Markt auftreten. Eine Kombination aus Daten zur Verfügung stellen und Daten für den eigenen Vertrieb nutzen ist der Schlüssel für eine erfolgreiche Anwendung der öffentlichen APIs.[226] Durch die verstärkte Nutzung der öffentlichen API-Schnittstellen kann es

---

[223] Vgl. *Brodsky, L., Oakes, L.*, Data sharing and open banking, 2017, S. 2.
[224] Vgl. *AltexSoft Inc.*, What is API, 2019, o. S.
[225] Vgl. *Slate, A.*, Die Programmierschnittstelle erklärt, 2019, o. S.
[226] Vgl. *Bramberger, M.*, Open Banking, 2019, S. 18.

den Banken gelingen eine digitale Transformation vor allem durch den Aufbau einer modularen flexiblen Architektur zu erzielen. Die Digitalisierung ermöglicht somit eine stärkere Vernetzung mit dem Kunden und gleichzeitig mit den internen Bankabteilungen und den externen Dienstleistern. Diese Vernetzung führt zu einer stärkeren Interaktion mit allen Beteiligten, wodurch die Banken profitieren können, durch eine höhere Kundenanbindung und -zufriedenheit und daraus resultierend einer Steigerung der Ertragspotenziale.[227] Hierbei entsteht ein neues Ökosystem in der Finanzbranche, bei der die Banken und externe Dienstleister die einzelnen Wertschöpfungsketten noch stärker miteinander verknüpfen, den sich stetig verändernden Kundenerwartungen gerecht werden und ihre Erträge steigern.[228] Der Bankberater steht als Ansprechpartner für den Kunden zur Verfügung bzgl. seiner Vermögensanlage und nutzt die externen Dienstleister für Fragen, die mit der Vermögensverwaltung in einem Zusammenhang stehen. Die Dienstleister können unter anderem Steuerberater, Rechtsanwälte und Immobilienexperten sein, die über die API-Schnittstellen im eigenen Netzwerk für die Kunden gesucht werden.[229] Die Herausforderung liegt jedoch für die Banken darin, dass sie ihre eigenen individuellen Verkaufsargumente definieren und in diesem offenen Austausch und der Zusammenarbeit mit anderen Unternehmen wie z. B. FinTechs etablieren.[230] Das Ökosystem ist hierbei für die Kunden nicht ersichtlich, sondern entsteht durch die Vernetzung der API-Schnittstellen mit ihren Partnern. Nur durch ein sich öffnendes Bankwesen, mithilfe von Partnerschaften von z. B. innovativen FinTechs, kann es den etablierten Banken gelingen in Zukunft individuelle und maßgeschneiderte Angebote ihren Kunden anzubieten und für diese einen Mehrwert zu generieren.

Damit die individuellen Kundenbedürfnisse optimal, konsequent und zeitnah von den Banken in ihren Geschäftsfeldern und Produkten einbezogen werden können und die kontinuierlich wachsenden Datenmengen in unterschiedlichen Formaten (strukturiert, teilstrukturiert und unstrukturiert) einen operativen und strategischen Mehrwert erzielen, gilt es für die Banken ihre Analysen, in Form von Big Data Analytics, korrekt zu erfassen, zu integrieren und zu analysieren.[231] Der

---

[227] Vgl. *Cocca, T. D.*, Digitalisierung im Private Banking und Wealth Management, 2018, S. 27.

[228] Vgl. *Sternkopf, C.*, API-Banking, 2019, o. S.; *Wodtke, A.*, Mit Open Banking in eine offene Zukunft, 2019, o. S.

[229] Vgl. *Cocca, T. D.*, Digitalisierung im Private Banking und Wealth Management, 2018, S. 27.

[230] Vgl. *Bramberger, M.*, Open Banking, 2019, S. 32.

[231] Vgl. *BearingPoint GmbH,* Data & Analytics, 2019, S. 3.

Begriff Big Data Analytics, entstehend aus den Begriffen Big Data und Advanced Analytics, beschreibt dabei die Auswertung von unbekannten Mustern und Korrelationen in Datenmengen, um hieraus zukünftige Verhaltensweisen bzw. Entwicklungen der Kunden abzuleiten.[232] Aufgrund moderner Technologien wie Internet of Things (IoT), Mobile Apps und Smart Homes generieren Kunden in rasanter Geschwindigkeit jeden Tag eine Unmenge an unstrukturierten Daten (Big Data) aus verschiedenen Quellen.[233] Genau diese wertvollen Kundendaten müssen die Banken auswerten und in ihre Geschäftsfelder, Prozesse und Produkte wie z. B. im Asset Management integrieren und somit einen Mehrwert für den Kunden schaffen. Darüber hinaus ist das Ziel mit den gewonnen Erkenntnissen Unternehmensabläufe weiter zu automatisieren und zu optimieren, wodurch auch Rationalisierungseffekte entstehen können, die zu Ergebnisverbesserungen in den Banken führen. Um die Herausforderung der Verarbeitung und Auswertung dieser großen Datenmengen zu bewältigen, ist der Einsatz neuer Methoden und Technologien ein notwendiger Schritt, der eine Kompatibilität der IT-Infrastruktur voraussetzt. Traditionelle Datenanalyseverfahren, wie sie in den Banken noch vermehrt Anwendung finden, können nicht die geforderten Ergebnisse aus der Datenverarbeitung erstellen oder viele Bearbeitungsprozesse simultan ausführen. Der Unterschied zu den überholten Analyseverfahren besteht darin, dass diese neuen Analysemethoden eine breitere und tiefgreifendere Analyse der Daten durchführen, viele Arbeitsabläufe parallel Anwendung finden, vernetzte Clustersysteme zur Verarbeitung dieser großen Datenmengen genutzt werden und neben Vorhersagen von Ereignissen den Fokus auf die Unterstützung für Entscheidungen in den Banken setzen.[234] Hierbei finden die drei Verfahren Descriptive Analytics, in der grundsätzlich vergangenheitsorientierte Daten ausgewertet werden, um die Gründe für ein eingetretenes Ereignis zu identifizieren, Predictive Analytics, worin die Abschätzung von Wahrscheinlichkeiten auf ein zukünftiges Eintreten eines Ereignisses untersucht wird und Prescriptive Analytics, in der die Gründe für zukünftige Ereignisse im Vordergrund stehen und welche Auswirkungen und Maßnahmen für die Banken daraus resultieren.[235] Genau diese Ergebnisse benötigen die Banken um aus den vorhandenen Daten und Ressourcen ihre Wettbewerbsfähigkeit zu steigern. Big Data

---

[232] Vgl. *Russom, P.*, Big Data Analytics, 2011, S. 4.

[233] Vgl. *Nowakowski, C., Pechardscheck, S.*, Data & Analytics, 2019, o. S.

[234] Vgl. *Luber, S., Litzel, N.*, Was ist Big Data Analytics?, 2016, o. S.

[235] Vgl. *Bolt, S.*, Big Data Analytics, 2015, S. 674.

Analytics soll dabei nicht die traditionellen Analyseverfahren ablösen, sondern als Ergänzung zu den vorhandenen Methoden dienen.[236]

Die Voraussetzungen, um eine hohe Validität in den Ergebnissen zu garantieren, aus denen danach sinnvolle innovative Prozesse entstehen, welche zum einen die Customer Journey erhöhen und zum anderen für eine Absatzsteigerung von Produkten führen, können nur erreicht werden, wenn die erforderlichen technologischen Komponenten wie bspw. flexibler Datenspeicher, skalierbare Rechenleistung und interpretierbare Ergebnisse zur Verfügung stehen. Big Data Analytics schließt somit die aktuell noch vorhandene Lücke zwischen einzelnen Geschäftsbereichen und der IT der Banken und trägt zu einem mittel- bis langfristigen Erfolg der Banken bei. Um diese Auswertungen konsequent anzuwenden und umzusetzen sind die beiden zuvor genannten IT-Strukturen Cloud Computing in Form der SaaS-Lösung und die öffentlichen API-Schnittstellen als notwendige Voraussetzung anzusehen, die stand heute ein bestmögliches Ergebnis für die Banken erzielen können.

Die Banken haben unter Berücksichtigung dieser Vorgehensweise die Möglichkeit externe Tools zu nutzen, welche in der Komplettlösung SaaS enthalten sind, oder Kooperationen mithilfe der öffentlichen API-Schnittstellen mit externen Unternehmen außerhalb der Cloud-Lösung einzugehen. Die Cloud-Lösung SaaS stellt hierbei die flexibelste und schnellste Lösung dar. Die großen Cloud-Service-Anbieter Microsoft Corporation, Google LLC und Amazon, Inc. bieten diese Analysetools bereits in einer hohen Qualität mit validen Ergebnissen an.

Ohne die Nutzung der Cloud Computing Technologie und der damit vorhandene IT-Infrastruktur wird es für die Banken mittelfristig kaum realisierbar sein, z. B. mittels Inhouse-Entwicklung, eine professionelle Big Data Analytics Abteilung mit IT-Fachkräften, der erforderlichen skalierbaren Rechenleistung und den komplexen Analysetools, kurzfristig einzurichten. Um eine Lösung umzusetzen und somit einen Wettbewerbsvorteil zu erzielen und die Marktstellung gegenüber den anderen etablierten Banken und auch FinTechs zu stärken, ist diese Form der Datenauswertung mittels der Big Data Analytics Anwendung ein nächster mittelfristiger Schritt.

---

[236] Vgl. *Baars, H., Kemper, H.-G.*, Integration von Big Data, 2015, S. 222.

Letztendlich müssen die Banken erkennen, dass eine zielführende Realisierung von mittelfristigen Zielen nur durch die Kombination aller genannten IT-Lösungen zu einem Erfolg führen kann. Dabei sind die Ziele Flexibilität innerhalb der Bankstrukturen, Variabilität der Fixkosten, speziell in der IT und die Steigerung der Erträge zu priorisieren.

5.3 Veränderung im Wealth Management

Speziell im Wealth Management gilt es die strukturellen Veränderungen der Banken und die zum Teil innovativen IT-Lösungsansätze zu vereinen, um dem sich veränderten Kundenverhalten gerecht zu werden. Dabei ist es wichtig die Agilität im Beratungs- und Anlageprozess im Wealth Management mit neuen Technologien zu steigern, um dadurch eine Transformation im Asset Management und auch im Kundengespräch zu etablieren.[237] KI als Überbegriff ist der Treiber, der in Kombination mit der persönlichen Beratung durch einen Bankberater und seinem Finanzmarkt-Know-how den Unterschied zu dem Algorithmus basierten Robo-Advisor ausmachen muss. Unter KI wird in diesem Zusammenhang verstanden, mittels Computerprogrammen menschliche Vorgehensweisen abzubilden und aufgrund einer großen Anzahl von gespeicherten Daten zu einer effizienteren Lösung zu kommen.[238] KI unterstützt aufgrund von Big-Data-Analytics-Lösungen den Bankenberater dem Kunden maßgeschneiderte auf sein spezifisches Risikoprofil bezogene Anlagestrategien zu offerieren. In diesem Kundensegment muss es den Banken durch die KI gelingen die individuellen Gegebenheiten und Wünsche ihrer Kunden noch stärker in den Beratungsprozess und die Auswahl der Anlageprodukte im Asset Management zu integrieren. Dabei können robotergesteuerte Prozessautomatisierungen den Berater bei der Auswahl der Asset Allocation dahingehend unterstützen, dass sie die individuellen Kundenbedürfnisse noch schneller und vor allem stärker berücksichtigen als es aktuell in der Wertpapierberatung der Banken der Fall ist. Die sich immer weiter wandelnden Kundenbedürfnisse über alle Altersklassen hinweg zur Digitalisierung, nicht nur durch den demografischen Wandel und die neu entstehenden und vorhandenen Megatrends, wie z. B. die permanente Verfügbarkeit von Informationen über das Internet, können nicht mehr durch einen Bankberater alleine, in der nach außen von den Banken stets angeführten Professionalität und Individualität im Wealth Management, abgedeckt werden,

---

[237] Vgl. *Rauer, J.-T., Fischer, V.*, Die Hybride Bank 2.0, 2016, o. S.
[238] Vgl. *Lämmel, U., Cleve, J.*, Künstliche Intelligenz, 2012, S. 13.

sondern nur durch unterstützende Technologien in Form von KI.[239] Hierbei ist es wichtig, dass die persönliche Beratung nicht in den Hintergrund gerät, sondern stets im Mittelpunkt aller Transaktionen und Anfragen steht. Es darf zu keinem Zeitpunkt im Gespräch beim Kunden der Eindruck entstehen, dass die KI den Bankberater steuert, sondern dieser diese Technologie nur als Unterstützung ansieht, da anderenfalls der Kunde das Know-how des Bankberaters und die persönliche Beratung grundsätzlich in Frage stellt.

Aus diesen aufgeführten Trends und Veränderungen, unter anderem auch, dass Bankgeschäfte und der Abschluss von Bankprodukten vermehrt online zu jeder Zeit erfolgen können, müssen die Banken das Kundensegment Wealth Management einer kritischen Analyse unterziehen. Den Banken muss es mithilfe der KI gelingen ein Wealth Management der Zukunft bei ihren Kunden zu etablieren. Dies kann ihnen jedoch nicht mehr wie noch vor einigen Jahren mittels hochqualifizierter Bankberater oder vorhandener Strukturen gelingen, sondern nur in Kombination mit KI.

Hieraus entstehen drei Handlungsfelder für die Banken im Kundensegment Wealth Management und Bereich Asset Management. Zum einen müssen die Banken ihren Kunden und potenziellen Neukunden eine erweiterte Nutzung der Kapazität der digitalen Infrastruktur anbieten.[240] Hierunter ist unter anderem zu verstehen, dass sie dieser Kundengruppe die Möglichkeit zur Verfügung stellen online eine persönliche Risikoneigung und daraus ableitend ein entsprechendes Kundenrisikoprofil zu erstellen. Gegenwärtig kann kein potenzieller Neukunde oder Bestandskunde schnell und einfach online diesbezüglich ein Profil erstellen. Auf allen Webseiten erfolgt i. d. R. nur ein Verweis auf ein direktes Beratungsgespräch oder es wird auf die Robo-Advisors verlinkt, die bei vielen Banken bereits etabliert sind. Bei diesen zur Verfügung stehenden Robo-Advisor-Systemen handelt es sich aber um standardisierte automatisierte Fragebögen, die den Anforderungen und Vorstellungen der Zielgruppe der Wealth Management Kunden nicht entsprechen. Diese Fragebögen müssen dahingehend erweitert und angepasst werden, dass die Individualität der Kunden und ihre spezifischen Anlagewünsche berücksichtigt und erfasst werden und darüber hinaus benutzerfreundlich sind. Online erstellte Risikoprofile ermöglichen dem Bankberater sich vorab ein erstes Bild über die Kunden zu verschaffen und die Anlagegespräche effizienter zu gestalten. Ziel ist es, dass der Bankberater

---

[239] Vgl. *Hach, W., et al.*, Plan D – konsequent digital, 2016, S. 5.
[240] Vgl. *Mirza, S., et al.*, EY Wealth Management Outlook 2017, 2017, S. 14.

zielgerichtet auf einzelne Punkte der erstellten Risikoprofile der Kunden eingehen kann, um die Profile noch individueller erstellen zu können. Nur durch die Verwendung weiterer Datenquellen von Kunden, z. B. über das Screening der Kontoumsätze, kann mithilfe einer robotergesteuerten Prozessautomatisierung und den darin programmierten Algorithmen eine Asset Allocation den Kunden vorgestellt werden, welche wirklich die Wünsche, Bedürfnisse und Gegebenheiten der Kunden beinhaltet und somit einer individuellen Vermögensverwaltung gerecht wird. Durch die zusätzliche Implementierung von KI im Back Office, z. B. bei der Auswertung umfangreicher und komplexer Unternehmenszahlen, Bilanz- oder Marktdaten in der Research Abteilung (Big Data Analytics), können qualitativ fundierte Aussagen getroffen werden bzgl. der Anlagealternativen und zugleich die Effizienz gesteigert werden und Personalressourcen eingespart bzw. sinnvoller eingesetzt werden. Dazu ist die Personalisierung der Beratung und des Angebots ein wesentlicher Faktor, um die Digitalisierung erfolgreich im Wealth Management umzusetzen.[241] Ein Beratungsgespräch, indem der Bankberater mithilfe einer vollständig computergestützten Anwendung die Risikoneigung und letztendlich das Risikoprofil der Kunden nach dem WpHG identifiziert, entspricht nicht mehr der Individualität der Kunden und der notwendigen Professionalität im Asset Management. In der Bankenbranche existiert Einigkeit, dass für die Kunden ein ganzheitlicher Beratungs- und Betreuungsansatz im Wealth Management notwendig ist, um den zukünftigen Marktanforderungen gerecht zu werden.[242] Die Risikopräferenz der Kunden darf nicht nur auf Grundlage ihrer aktuellen Vermögenssituation analysiert, sondern muss mittels innovativer IT-Programme und Tools, auch unter Berücksichtigung der aktuellen Lebensphase, betrachtet werden.

Als weiteres Tätigkeitsfeld müssen die Banken ihren kompletten Beratungsablauf neu strukturieren. Im Vordergrund der Digitalisierung und Automatisierung stehen hierbei die Back Office Schnittstellen bzw. die eigentliche Verwaltung der Kundenassets, da eine komplett automatisierte und digitalisierte Vermögensverwaltung ohne jegliche menschliche Interaktion kaum die Benchmarks am Markt in rezessiven Marktphasen schlagen wird.[243] Die Banken müssen beginnen ihren aktuell noch vorhandenen Vorteil gegenüber den FinTechs, nämlich die Informationen von

---

[241] Vgl. *Marti, T., Hofer, D.*, Die digitale Zukunft im Wealth Management, 2019, o. S.

[242] Vgl. *Reittinger, W. J.*, Strategische Erfolgsfaktoren für das Private Wealth Management, 2019, S. 507.

[243] Vgl. *Neisius, A.*, Digitale Zukunft im Wealth Management, 2017, o. S.

Bestandskunden durch z. B. das Kontoverkehrsverhalten, stärker zu nutzen. Dabei müssen die Back Office Anwendungen und Front Office Anwendungen konsequent durch Inhouse-Entwicklungen, Übernahmen von FinTechs oder Kooperationen digitalisiert werden, um dem Front Office die notwendige Flexibilität und Professionalität im persönlichen Beratungsgespräch zu ermöglichen, damit die Kunden einen hohen Mehrwert und Vorteil zu den FinTech-Angeboten im Asset Management der Banken erkennen. Ein Lösungsansatz, der dabei in Zukunft immer mehr an Bedeutung gewinnen wird, ist das hybride Beratungsmodell, auf das bereits in Punkt 5.1 näher eingegangen wird.[244] Kunden können hierbei verschiedene Dienstleistungen in unterschiedlichen Digitalisierungsstufen online nutzen.

Obwohl eine Vielzahl von intelligenten Computerprogrammen bzgl. einer oder mehrere zu präferierenden Anlageformen zur Verfügung stehen, ist die persönliche Beratung im Wealth Management auch zukünftig von elementarer Bedeutung und nicht wegzudenken. Je erklärungsbedürftiger und beratungsintensiver ein Finanzprodukt ist, desto eindrucksvoller zeigt es sich, dass der Bankberater eine wichtige Funktion im Wealth Management ausübt.[245] Viele Wealth Management Kunden legen trotz Internetaffinität und existierenden Robo-Advisor-Systemen nach wie vor großen Wert auf die persönliche Beratung und Betreuung. Der Bankberater kann individueller auf die persönlichen Bedürfnisse eingehen als ein computergestütztes Programm. Die technologische Infrastruktur, bestehend aus großen Datenmengen unterschiedlicher Informationsquellen, stellt das Basismaterial dar, aus denen der Bankberater in Verbindung mit digitalen Tools (Big Data Analytics) seine kundenspezifischen Anlageportfolios erstellt. Aufgrund dieser komplexen, digitalen Anwendungen werden die Bankberater zukünftig eher die Funktion eines Requirement Engineers und Client Supporters einnehmen.[246] Darunter ist zu verstehen, dass der Bankberater seine Angebote aufgrund von kundenspezifischen Anforderungen bzw. Vorstellungen mittels Computerunterstützung exakter auf die Kunden zugeschnitten unterbreiten kann. Das persönliche Kundengespräch bietet darüber hinaus die Möglichkeit, durch detailliertere Fragestellungen, Fehlerquellen diesbezüglich zu vermeiden.

---

[244] Vgl. *Galasso, C., Zulghadar, M.*, Das hybride Geschäftsmodell eines globalen Players im internationalen Cross-Border-Geschäft, 2018, S. 186.

[245] Vgl. *Niehage, F.*, FinTechs erobern die Bankenwelt, 2016, S. 40.

[246] Vgl. *Mirza, S., et al.*, EY Wealth Management Outlook 2017, 2017, S. 14.

In Bezug auf die Preismodelle als drittes Handlungsfeld und den vorhandenen Margendruck müssen sich die Banken im Wealth Management neben einer Analyse ihrer vorhandenen Kostenstrukturen auch mit neuen Geschäftsmodellen auseinandersetzen. Eines dieser neuen Geschäftsmodelle ist der zuvor beschriebene Plattformansatz, bei welchem sich nicht nur attraktive Margen, sondern auch Umsätze bei überschaubarem Ressourceneinsatz, generieren lassen. Ein Lösungsansatz, alternativ vom aktuellen Asset basierten Preismodell, ist ein modulares Preismodell, welches eine größere Transparenz gegenüber dem Kunden offeriert. Neben der Möglichkeit neue Kostenstrukturen einzuführen, können mithilfe der konsequenten Digitalisierung und Automatisierung der Back Office Anwendungen zusätzliche (Personal-) Kosten eingespart werden. Ein weiteres Kosteneinsparpotenzial besteht in der Wertpapier-Research-Abteilung der Banken. In Banken ist es zum Teil noch üblich neue Finanzmarktdaten manuell zu analysieren und Voten für Anlageprodukte (z. B. Aktien) zu generieren. Aufgrund der Datenmengen die jeden Tag am Markt entstehen und die vorhandenen begrenzten Personalressourcen in diesen Abteilungen, können diese Marktdaten und Voten nur zeitverzögert aktualisiert werden. Die Banken müssen sich deshalb der Frage stellen, ob es nicht kostengünstiger und sinnvoller ist diese Analysen extern zu erwerben oder weitestgehend durch KI zu digitalisieren, um somit weitere Personalressourcen einsparen zu können.

Aus Sicht der Banken sind die nächsten Jahre deshalb entscheidend um ihren Kunden, aber auch dem Markt, zu signalisieren, dass sie zum einen den Bedürfnissen der Kunden gerecht werden und zum anderen trotz durchschnittlich höherer jährlicher Kosten eine marktkonforme, wenn nicht sogar bessere Performance als die automatisierten Anlageformen erzielen. Durch die Kombination der IT-Lösungen, wie sie bereits bei den FinTechs mit ihren Robo-Advisors angewendet wird und der persönlichen Beratung, in der nicht die Schnelligkeit und die Automatisierung, sondern die ausführliche individuelle Betrachtung der Kundenbedürfnisse im Vordergrund steht, können die etablierten Banken im Wealth Management ein hybrides Modell entwickeln, um ihre höheren Kosten zu rechtfertigen und weiterhin ihre Marktstellung zu verteidigen.[247]

Nur mithilfe dieser Synthese können die Banken sich vom standardisierten Massengeschäft der Robo-Advisors differenzieren und ihren Kunden im Wealth

---

[247] Vgl. *Neisius, A.*, Digitale Zukunft im Wealth Management, 2017, o. S.

Management die notwendige und geforderte Individualität, zur Verfügung stellen, ohne auf die Vorteile der innovativen Technologien zu verzichten. Anstatt schneller manchmal nur symbolischer Maßnahmen muss ein konsequenter digitaler Umbau von einer flexiblen Kundenschnittstelle bis hin ins Back Office erfolgen.[248] Ein hybrides Beratungsmodell kann die Zukunft für das Wealth Management heißen und den Transformationsprozess im Asset Management aufzeigen.

5.4 Resultat der Lösungsansätze

Die in den vorherigen Kapiteln dargestellten mittelfristigen Lösungsansätze machen deutlich, wie stark eine Transformation im Asset Management und darüber hinaus in den grundlegenden Strukturen der Banken notwendig ist, um nicht weiter am Markt an Bedeutung zu verlieren. Als umzusetzendes Ergebnis für die Banken kann festgehalten werden, dass nur eine Kombination aus neuen IT-Infrastrukturen, Herangehens- und Arbeitsweisen auch im Management und einem Plattformansatz, eine zielführende Lösung darstellt und zudem die Basis bildet, um auch im Kundensegment Wealth Management und hierbei im Bereich Asset Management in Zukunft flexibel auf die sich verändernden Kundenbedürfnisse und Erwartungen schnell zu reagieren und darüber hinaus wettbewerbsfähig gegenüber den neuen Marktteilnehmern (FinTechs mit ihren Robo-Advisors) aufgestellt zu sein. Als neue IT-Infrastruktur ist dabei unter anderem die konsequente Nutzung von Cloud-Lösungen mit ihren Services zu verstehen. Konkret stellt hierbei die SaaS-Variante die größte Veränderung in der IT-Landschaft der Banken dar und bietet aufgrund ihres „Komplettlösungsansatzes" die Möglichkeit sich vollständig auf innovative Angebote und Anwendungen für die Kunden zu konzentrieren. Die bestehenden wartungs- und kostenintensiven Rechenzentren sowie die hohen Fixkosten des IT-Personals können dadurch zum einen reduziert werden und es besteht zum anderen die Möglichkeit flexibel und bedarfsorientiert IT-Ressourcen über den Service-Anbieter jederzeit einzusetzen oder diese in der Cloud zu nutzen. In Kombination mit öffentlichen API-Schnittstellen über alle Banksysteme hinweg, können die Banken ihre bisher geschlossenen Strukturen in ein offenes Ökosystem umwandeln und gemeinsam mit externen Dienstleistern wie bspw. FinTechs Innovationen und effizientere Anwendungen ihren Kunden offerieren und zudem schneller am Markt anbieten (Time-to-Market). Mithilfe öffentlicher API-Schnittstellen können Banken zusätzlich neben der Möglichkeit interne Prozessabläufe

---

[248] Vgl. *Hach, W., et al.*, Plan D – konsequent digital, 2016, S. 8.

auszulagern, aus den in Punkt 5.2 bereits genannten Vorteilen, auch neue Absatz-märkte mittels einer schnellen und einfachen Anbindung an externe Plattform-strukturen erschließen. Hierbei ist es aus Sicht der Banken von Bedeutung, dass sie durch die öffentlichen API-Schnittstellen neue wertvolle Kundendaten erlangen, welche sie mit einem weiteren Lösungsansatz, der zielgerichteten Auswertung die-ser Kundendaten durch Analyseverfahren, verarbeiten können, um diesen potenzi-ellen Neukunden Bankdienstleistungen/Produkte anzubieten. Nur durch die Kom-bination dieser IT-Maßnahmen kann eine erfolgreiche Basis geschaffen werden, die für eine individuelle Kundenberatung im Asset Management im Kundensegment Wealth Management erforderlich ist. Speziell im Wealth Management der Banken muss ein hybrides Modell zwischen KI und dem Bankberater entstehen, da nur so der Mehrwert dieser persönlichen Anlageberatung aufgezeigt werden kann. Aus diesem Grund ist es notwendig, dass vom Prozess zur Risikoprofilerstellung der Kunden bis hin zur Auswahl der Anlageklassen und Formen dem Berater Algorith-men basierte und automatisierte Anwendungen zur Verfügung gestellt werden, welche ihn bei der Erreichung dieser Ergebnisse unterstützen aber nicht ersetzen. Auch muss den Kunden vermehrt die Möglichkeit geboten werden online neben Produktabschlüssen auch eigene Risikoprofile zu generieren, welche in einem per-sönlichen Beratungsgespräch verfeinert und vervollständigt werden. Insgesamt muss im Wealth Management die Digitalisierung weiter ausgebaut werden, um ne-ben einer individuelleren Bedarfsanalyse als bisher vorhanden auch neue Möglich-keiten z. B. in Bezug auf die Auswertung von Kundendaten durch die öffentlichen API-Schnittstellen dem Berater zur Seite zu stellen, um die notwendige Differenzie-rung gegenüber den FinTechs zu ermöglichen.

6 Fazit und Ausblick

Die Transformation im Asset Management wird in den Banken in den nächsten Jahren weiter entschieden vorangetrieben. Die FinTechs haben mit ihren Robo-Advisors ein Standardmodell entwickelt und im Markt etabliert, dass auf eine positive Resonanz stößt, da damit die Vermögensberatung und -verwaltung für den Normalbürger mit kleinem Vermögen ermöglicht wird. Auch wenn diese FinTechs heute noch keinen signifikanten Marktanteil in der Vermögensverwaltung aufweisen können, da diese Form der Anlage noch nicht richtig von den potentiellen Kunden angenommen wird, sprechen sie aber eine Zielgruppe mit großem Potenzial an. Das sich zunehmend verändernde Kundenverhalten in Richtung Digitalisierung und online Geschäftsabschlüsse und die rasante Geschwindigkeit des Marktes führen dazu, dass die Robo-Advisor-Systeme in der Zukunft eine bedeutende Rolle am Markt einnehmen werden.[249]

Die Banken haben die Gefahr der neuen Wettbewerber am Markt erkannt und rüsten im Asset Management die Digitalisierung auf. Auch wenn die Banken die bestehenden Defizite gegenüber FinTechs abbauen werden, kommen sie aus der analogen Welt und werden kurzfristig nicht kosteneffektiv arbeiten können gegenüber FinTechs.[250]

Die FinTechs werden mit ihren Robo-Advisor-Systemen die Konzepte im Asset Management nicht gravierend verändern, entscheidend ist jedoch, dass der Zugang sich stark vereinfachen wird.[251] Der Vertriebsweg Robo-Advisor ist schneller in den Entscheidungsprozessen, kostengünstiger, immer verfügbar 24 Stunden/7 Tage und einfach zu verstehen und für die Kunden zu bedienen. Dies führt dazu, dass die Banken die FinTech-Konzepte in ihre eigenen Banksysteme integrieren müssen, um den Anschluss an den Markt nicht zu verlieren.

Von den drei kurzfristigen Lösungsansätzen bietet die Kooperation mit FinTech Unternehmen den Banken die Chance der erfolgreichen Umsetzung. Hierbei wird eine hohe Flexibilität und ein begrenzter IT-Aufwand bzgl. der Implementierung des Robo-Advisors in das Bankensystem vorausgesetzt. Dieser Lösungsansatz führt zu einer Win-Win-Situation für beide Parteien, in dem die Banken ihre

---

[249] Vgl. *Galasso, C., Zulghadar, M.*, Das hybride Geschäftsmodell eines globalen Players im internationalen Cross-Border-Geschäft, 2018, S. 186.

[250] Vgl. *Niehage, F.*, FinTechs erobern die Bankenwelt, 2016, S. 40.

[251] Vgl. *Vins, O.*, Ein Start-up als digitaler Private-Banking-Anbieter, 2018, S. 197.

Entwicklungskapazitäten und Ressourcen für andere Bereiche einsetzen können und die FinTechs von Kundengruppen von den Banken profitieren. Für FinTechs ist dieses von essentieller Bedeutung, um im operativen Geschäft schnellstens ertragsstarke Zahlen nachzuweisen. Die Banken müssen die Robo-Advisor-Systeme in ihr Banksystem integrieren, einerseits für ihr Retail Banking, das ein wichtiges Kundensegment ist, das heute als Zielgruppe der FinTechs angesehen wird, andererseits um das Private Banking zu stärken und auch ihren Wealth Management Kunden diese Option anzubieten. Wenn dieser Schritt nicht gelingt, drohen Kundenverluste sowohl im Retail Banking als auch im Private Banking und in absehbarer Zeit im Wealth Management, das gegenwärtig noch von nicht internetaffinen Kunden dominiert wird. Die Robo-Advisor-Systeme bieten somit eine sinnvolle Ergänzung zu den bestehenden Geschäftsmodellen im Wealth Management in dem der Bankberater aber immer noch eine wichtige Funktion als persönlicher Anlageberater ausübt. Besonders in Zeiten unvorhersehbarer Ereignisse, wie z. B. durch COVID-19 mit seinen wirtschaftlichen und finanziellen Folgen, kann ein persönliches Gespräch (z. B. Telefonat) gegenüber einem Robo-Advisor Wettbewerbsvorteile bringen.

Als Ergebnis des ersten Ziels dieser Arbeit kann somit eindeutig festgehalten werden, dass die Banken aktiv die Implementierung von digitalen Vermögensverwaltungskonzepten vorantreiben müssen und in ihren Digitalisierungsprozessen diesem Thema eine hohe Priorität einzuräumen ist. Die erste aufgestellte Hypothese wird somit uneingeschränkt bestätigt.

Das zweite Ziel, die Erarbeitung von mittelfristigen Lösungsansätzen, unter den Aspekten Strukturveränderungen und Implementierung innovativer IT-Modelle in den Banken zeigt, dass beide Wege als Maßnahmen zum Einsatz kommen müssen, um die Wettbewerbsfähigkeit aufrechtzuerhalten am Markt. Die Überarbeitung der Prozesse mit dem Ziel der Automatisierung, so weit wie möglich, der Kostenreduzierung, der Verabschiedung des gelebten Silo-Denkens und der Legacy-Strukturen, sowie der Überlegung eine Plattformstruktur zu installieren, stellen die Banken vor große Herausforderungen, denen sie sich aber stellen müssen. Neben den innerbetrieblichen Strukturveränderungen kommt der IT-Infrastruktur die große Bedeutung zu bei dem Transformationsprozess im Asset Management. Die veralteten IT-Systeme sind die große Schwachstelle innerhalb der Bankenbranche. Alternative Lösungsansätze in Form von Nutzung von Cloud-Service-Anbietern, öffentlichen, Partner oder Private APIs oder Cloud Computing stehen heute bereits als externe Dienstleistungen zur Verfügung und entlasten die Aufrüstung der eigenen

Rechenzentren und Server. Diese Dienstleistungen werden von einigen Banken bereits heute versucht in die Arbeitsprozesse zu implementieren, weshalb z. B. die CoBa einen „Digitalen Campus 2.0" gegründet hat.[252] Die Entscheidung, welcher Lösungsansatz gewählt wird, muss aber in die Gesamtstrategie der Banken passen. Die DB hat sich jüngst entschieden Cloud-Dienste stärker zu nutzen und weniger in den Ausbau des eigenen IT-Systems zu investieren.[253] Der Auf- und Ausbau einer professionellen Big Data Analytics Abteilung mit IT-Fachkräften ist darüber hinaus unumgänglich, um die Defizite zwischen einzelnen Geschäftsbereichen und der IT zu schließen.

Der gegenwärtig festzustellende Transformationsprozess im Asset Management und hierbei im Besonderen im Kundensegment Wealth Management läuft auf eine hybride Lösung hinaus. Bei einem hybriden Modell können die Kunden digitalisierte Dienstleistungen in Bezug auf Vermögensanlagen selbständig nutzen und gleichzeitig aber die Dienste eines persönlichen Wealth Management Berater in Anspruch nehmen, wenn sie dieses für notwendig halten. Die Banken stellen ihren Kunden somit ein modulares System, bestehend aus digitalisierter Dienstleistung und persönlicher Beratung zur Verfügung, wobei die Nutzung von KI im Back Office unverzichtbar ist.

Die Zielsetzung dieses mittelfristigen Lösungsansatzes ist zu zeigen, dass die Banken nicht in ihren antiquierten analogen Geschäftsmodellen verharren, sondern aktiv den Transformationsprozess in die Digitalisierung gestalten.

Die erarbeiteten Lösungsansätze des zweiten Ziels lassen auch bei unterschiedlichen Sichtweisen erkennen, dass ohne Implementierung oder Inanspruchnahme von innovativen IT Modellen die Banken keine Zukunftsperspektive haben. Damit ist auch die zweite aufgestellte Hypothese in dieser Arbeit verifiziert.

Bei der Erstellung der Benchmark- und Performancevergleiche der verschiedenen Robo-Advisor-Systeme werden Grenzen in der Vergleichbarkeit bzgl. der Kriterien und der Betrachtungszeiträume der Forschungsuntersuchung aufgezeigt. Bei der Performance im Asset Management der untersuchten Banken ergeben sich Informationsdefizite, die dazu führen, dass eine Vergleichbarkeit der individuellen Vermögensverwaltungen der Banken untereinander und auch im Vergleich zu den Robo-Advisor-Systemen, selbst unter getroffenen Annahmen nur in Ansätzen

---

[252] Vgl. *Hessenmüller, J.*, Die Digitale Transformation der Commerzbank, 2019, o. S.
[253] Vgl. *Mußler, H.*, Die Deutsche Bank sucht Partner für die Cloud, 2020, S. 18.

möglich ist. Dies ist zurückzuführen auf nicht veröffentlichtes Zahlenmaterial (Banken) und zu kurzer Marktpräsenz (Robo-Advisors). In den kommenden Jahren ist ein erneuter Benchmark-, Performance- und Kostenvergleich zu empfehlen, unter der Voraussetzung, dass generell Analysen von den individuellen Vermögensverwaltungen der Banken und den Robo-Advisors der FinTechs durchgeführt werden auf der Basis von vergleichbaren Statistiken pro Jahr.

Ein Ausblick auf die nächsten Jahre zeigt, dass es von gravierender Bedeutung sein wird, ob die BigTechs als weitere Marktteilnehmer im Asset Management zu den FinTechs und Banken auftreten werden. Aufgrund ihrer bisher schon erfolgreichen Marktpräsenz im Bereich Zahlungsverkehr, wie z. B. Apple Pay und ersten Überlegungen im Asset Management ist dies als ein realistisches Szenario anzusehen. Dieses könnte für die Banken eine weitaus größere Herausforderung darstellen als der bisherige Markteintritt der FinTechs im Finanzsektor. Eine mögliche Option für die Banken wäre in diesem Fall der Zusammenschluss mit den FinTechs. Darüber hinaus wird sich das Thema Cloud-Computing für die Banken in den kommenden Jahren aufgrund der Blockchain Technologie weiter verändern, da sogenannte Multi-Cloud-Umgebungen (lokal, öffentlich und privat) geschaffen werden, bei denen die zentrale Abrufbarkeit von Daten mithilfe dezentraler Datenspeicherung ermöglicht wird. Somit kann der Transformationsprozess innerhalb der Banken weiter vorangetrieben werden und eine stärkere Fokussierung auf KI und IoT erfolgen.[254]

Als Resümee der erarbeiteten Ziele in dieser Arbeit kann festgestellt werden, dass FinTechs mit ihren Robo-Advisors keine Gefährdung für die Banken im Asset Management bedeuten müssen. Den Banken bietet sich vielmehr die Chance durch Digitalisierung ihrer analogen Geschäftsmodelle und Nutzung bzw. Implementierung neuer IT-Modelle ihren Kunden neue Plattformen für Produkte, Informationen und Kommunikation zu offerieren. Die Banken stehen dabei jedoch vor der Herausforderung ihr Wissen und ihre Erkenntnisse aus der analogen Zeit in eine für ihre Kunden und sich sinnvolle digitale Epoche zu transferieren.

---

[254] Vgl. *Knochel, L.*, Cloud-Computing, 2020, o. S.

Quellenverzeichnis

Ajzen, Icek (The theory of planned behavior, 1991): The Theory of Planned Behavior, in: Organizational Behavior and Human Decision Processes, (1991), Nr. 2, S. 179–211

Akel, Alexander, Berzel, Alexander, D'Antonio, Oliver, Greef, Samuel, Kiepe, Lukas, Schreiter, Benedikt, Schroeder, Wolfgang, Sperling, Hans Joachim (Plattformökonomie und Crowdworking, 2017): Plattformökonomie und Crowdworking: eine Analyse der Strategien und Positionen zentraler Akteure, 2017

Alt, Rainer, Puschmann, Thomas (Digitalisierung der Finanzindustrie, 2016): Digitalisierung der Finanzindustrie, Berlin, Heidelberg: Springer Fachmedien GmbH, 2016

Armbrüster, Christian, Bertschinger, Urs, Chiu, Iris, Conreder, Christian, Daranyi, Alexis, Dell'Erba, Marco, Dorfleitner, Gregor, Glatz, Florian, Gonzalez-Meneses, Manuel, Heukamp, Wessel, Hornuf, Lars, Kilian, Robert, Kindermann, Jochen, Kumpan, Christoph, Martinez-Echevarria, Alfonso, Perner, Stefan, Renner, Moritz, Rennig, Christopher, Riethmüller, Tobias, Roßbach, Peter, Schmitt, Matthias, Siedler, Nina-Luisa, Siering, Lea Maria, Spiegel, Alexandra, Spindler, Gerald, Terlau, Matthias, Tschörtner, Sven, Weber, Martina (FinTech-Handbuch, 2019): FinTech-Handbuch: Digitalisierung, Recht, Finanzen, München: C.H.Beck, 2019

Baars, Henning, Kemper, Hans-Georg (Integration von Big Data, 2015): Integration von Big Data-Komponenten in die Business Intelligence, in: Zeitschrift für erfolgsorientierte Unternehmenssteuerung Controlling, (2015), Nr. 4, S. 222–228

Baumann, Kai, Oser, Elena (Modelle zur Zusammenarbeit von Banken und FinTechs, 2018): Modelle zur Zusammenarbeit von Banken und FinTechs - Meilensteine und Erfolgsfaktoren für eine gelungene Partnerschaft, 2018

Beardsley, Brent, Kessler, Daniel, Mende, Martin, Muxi, Federico, Naumann, Matthias, Rogg, Jürgen, Tang, Tjung, Woulfe, Tyler, Xavier, Andre, Zakrzewski, Anna (Global Wealth 2018, 2018): Global Wealth 2018 - Seizing the Analytics Advantage, 2018

BearingPoint GmbH (Data & Analytics, 2019): Data & Analytics. Analytical insights to boost your business performance, 2019

Bloch, Thomas, Vins, Oliver (Robo Advice - die Zukunft der Geldanlage, 2016): Robo Advice - die Zukunft der Geldanlage, in: Everling, Oliver, Lempka, Robert (Hrsg.), Finanzdienstleister der nächsten Generation Megatrend Digitalisierung: Strategien und Geschäftsmodelle, Frankfurt am Main: Frankfurt School Verlag GmbH, 2016, S. 171–186

Bolt, Sabine (Big Data Analytics, 2015): Big Data Analytics, in: Zeitschrift für erfolgsorientierte Unternehmenssteuerung Controlling, (2015), Nr. 11, S. 674–675

Bramberger, Markus (Open Banking, 2019): Open Banking: Neupositionierung europäischer Finanzinstitute, Wiesbaden: Springer Fachmedien GmbH, 2019

Braml, Harald, Sälzle, Rüdiger (Robo-Advisor Studie, 2018): Robo-Advisor Studie - Erste Analyse der „Robo-Advisor"-Anbieter in Deutschland, 2018

Brodsky, Laura, Oakes, Liz (Data sharing and open banking, 2017): Data sharing and open banking, 2017

Brost, Heike, Faust, Martin, Reittinger, Wolfgang J. (Private Banking und Wealth Management, 2019): Private Banking und Wealth Management Strategien und Erfolgsfaktoren, 3. Aufl., Wiesbaden: Springer Fachmedien GmbH, 2019

Bundesverband Investment und Asset Management e.V. (BVI 2019 Daten. Fakten. Perspektiven, 2019): BVI 2019 Daten. Fakten. Perspektiven, 2019

Buxmann, Peter, Hess, Thomas, Lehmann, Sonja (Software as a Service, 2008): Software as a Service, in: Wirtschaftsinformatik, (2008), Nr. 6, S. 500–503

Capgemini SE (World Wealth Report, 2017): World Wealth Report, 2017

Capgemini SE (World Wealth Report, 2019): World Wealth Report, 2019

Cleve, Jürgen, Lämmel, Uwe, (Künstliche Intelligenz, 2012): Künstliche Intelligenz, 4. aktualisierte Aufl., München: Hanser, 2012

Cocca, Teodoro D (Digitalisierung im Private Banking und Wealth Management, 2018): Digitalisierung im Private Banking und Wealth Management - Chancen und Herausforderungen, in: Cocca, Teodoro D., Lauer, Armin, Reittinger, Wolfgang J. (Hrsg.), Digitalisierung im Private Banking, Frankfurt am Main: Frankfurt School Verlag GmbH, 2018

Cofinpro AG (Die eigene Organisation bremst Banken bei der Digitalisierung aus, 2017): Die eigene Organisation bremst Banken bei der Digitalisierung aus, 2017

Day, Min-Yuh, Cheng, Tun-Kung, Li, Jheng-Gang (AI Robo-Advisor with Big Data Analytics for Financial Services, 2018): AI Robo-Advisor with Big Data Analytics for Financial Services, in: IEEE/ACM International Conference on Advances in Social Networks Analysis and Mining (ASONAM), 2018, S. 1027–1031

Deloitte (The expansion of Robo-Advisory in Wealth Management, 2016): The expansion of Robo-Advisory in Wealth Management, 2016

Deutsche Bank AG (Preis- und Leistungsverzeichnis der Deutschen Bank AG, 2019): Preis- und Leistungsverzeichnis der Deutschen Bank AG sowie Auszug aus dem Preis- und Leistungsverzeichnis der DB Privat- und Firmenkundenbank AG, 2019

Deutsche Bank DB Privat- und Firmenkundenbank Aktiengesellschaft (Robin Gebühren, 2020): Preis- und Leistungsverzeichnis, 2020

Deutsche Bundesbank (Zeitreihendatenbank, 2019): Geldvermögen und Verbindlichkeiten (Zeitreihendatenbank), 2019

Deutsche Bundesbank (Bankstellenbericht 2018, 2019): Bankstellenbericht 2018, 2019

Deutscher Bundestag (Bankensystem und Bankenaufsicht in Deutschland, 2009): Bankensystem und Bankenaufsicht in Deutschland, 2009

Dornhoff, Julia (Robo Advisors im Vergleich, 2017): Robo Advisors im Vergleich, in: die bank, (2017), Nr. 3, S. 58–59

Dorfleitner, Gregor, Hornuf, Lars (FinTech und Datenschutz, 2019): FinTech und Datenschutz - Eine empirische Untersuchung mit Empfehlungen für Politik und Praxis, Wiesbaden: Springer Fachmedien GmbH, 2019

Dorfleitner, Gregor, Hornuf, Lars, Schmitt, Matthias, Weber, Martina (FinTech-Markt in Deutschland, 2016): FinTech-Markt in Deutschland, 2016

Dröse, Magdalena (Aktuelle Zahlen und Fakten zum Bankenmarkt Deutschland Kreditinstitute & Wettbewerber, o. J.): Aktuelle Zahlen und Fakten zum Bankenmarkt Deutschland Kreditinstitute & Wettbewerber Ertragslage Geldvermögen privater Haushalte, o. J.

Edelman GmbH (Trust Barometer Financial Services, 2019): 2019 Edelman Trust Barometer Financial Services, 2019

Edelstoff Media GmbH (White Label Robo Advisor, 2018): White Label Robo Advisor -Von wem sich Jens Ehrhardt und die anderen deutschen Vermögensverwalter ihre digitale Vermögenswerwaltung bauen lassen-, in: Private Banker, (2018), Nr. 2, 2–23

Engelhardt, Clemens (Mergers & Acquisitions, 2017): Mergers & Acquisitions: Strategien, Abläufe und Begriffe im Unternehmenskauf, Wiesbaden: Springer Fachmedien GmbH, 2017

Ernst & Young Global Limited (German Wealth Management Research Report, 2019): German Wealth Management Research Report Understanding the Mind of the German Investor, 2019

Europäische Kommission (Delegierte Verordnung, 2016): Delegierte Verordnung (EU) 2017/565 Der Komission zur Ergänzung der Richtlinie 2014/65/EU des Europäischen Parlaments und des Rates in Bezug auf die organisatorischen Anforderungen an Wertpapierfirmen und die Bedingungen für die Ausübung ihrer Tätigkeit sowie in Bezug auf die Definition bestimmter Begriffe für die Zwecke der genannten Richtlinie, 2016

European Securities and Markets Authority (Guidelines MiFID II, 2018): Final Report - Guidelines on certain aspects of the MiFID II suitability requirements, 2018

Fabozzi, Frank J., Markowitz, Harry (The theory and practice of investment management, 2011): The theory and practice of investment management: asset allocation, valuation, portfolio construction, and strategies, 2nd, Hoboken, N.J: Wiley, 2011

Faust, Martin (Private Banking und Wealth Management, 2019): Private Banking und Wealth Management – Ein Überblick über Marktsegmente und Leistungsangebote, in: Brost, Heike, Reittinger, Wolfgang J. (Hrsg.), Private Banking und Wealth Management Strategien und Erfolgsfaktoren, 3. Aufl., Wiesbaden: Springer Fachmedien GmbH, 2019, S. 1–20

Fein, Melanie L. (Robo-Advisors, 2015): Robo-Advisors: A Closer Look, 2015

Ficht, Sandra, Wolf, Tobias, (Automated Advice, 2017): Automated Advice - Die große Chance im Privatkundengeschäft Die Uhr tickt - Banken müssen jetzt handeln, um sich ihren Anteil zu sichern, 2017

Fischer, René, Hübner, Matthias, Gündling, Malte (FinTechs - Viel Lärm um nichts!?, 2018): FinTechs - Viel Lärm um nichts!? FinTechs kosten deutsche Banken schon über 1 Milliarden Euro - Aber die Gefahr weiterer Ertragserosion liegt in der Luft, 2018

Fischer, Matthias (Robo Advisory und automatisierte Vermögensverwaltung, 2017): Robo Advisory und automatisierte Vermögensverwaltung, in: Zeitschrift für das gesamte Genossenschaftswesen, 67 (2017), Nr. 3, S. 183–193

FOCUS Magazin Verlag GmbH (Vermögensverwaltung Max Heinr. Sutor oHG, 2019): Die Beste Vermögensverwaltung, in: Focus Money, 48/2019 (2019), Nr. 48/2019, S.5–10

FOCUS Magazin Verlag GmbH (Vermögensverwaltung UniCredit Bank AG, 2019): Die Beste Vermögensverwaltung, in: Focus Money, 48/2019 (2019), Nr. 48/2019, S.5–10

FOCUS Magazin Verlag GmbH (Vermögensverwaltung Commerzbank AG, 2019): Die Beste Vermögensverwaltung, in: Focus Money, 48/2019 (2019), Nr. 48/2019, S.5–10

FOCUS Magazin Verlag GmbH (Vermögensverwaltung Deutsche Bank AG, 2019): Die Beste Vermögensverwaltung, in: Focus Money, 48/2019 (2019), Nr. 48/2019, S.5–10

Forrester Research, Inc (Platform Economics Are Disrupting The Banking Industry, 2018): Platform Economics Are Disrupting The Banking Industry Adapt And Succeed By Adopting A Balanced Platform Strategy, 2018

Friedrich, Holger, Schiefelbein, Mirko (Finanzwelt im Umbruch, 2013): Finanzwelt im Umbruch - Paradigmenwechsel im Banking, in: Everling, Oliver, Lempka, Robert (Hrsg.), Finanzdienstleister der nächsten Generation: die neue digitale Macht der Kunden, Frankfurt am Main: Frankfurt School Verlag GmbH, 2013, S. 49–68

Gabriel, Klaus (Ethik in der Geldanlage: Grundlagen, Kriterien und Herausforderungen, 2014): Ethik in der Geldanlage: Grundlagen, Kriterien und Herausforderungen, in: Faust, Martin, Scholz, Stefan (Hrsg.), Nachhaltige Geldanlagen - Produkte, Strategien und Beratungskonzepte, 2. Aufl., Frankfurt am Main: Frankfurt School Verlag GmbH, 2014, S. 21–40

Galasso, Cianpiero, Zulghadar, Manuel (Das hybride Geschäftsmodell eines glo-
balen Players im internationalen Cross-Border-Geschäft, 2018): Das hyb-
ride Geschäftsmodell eines globalen Players im internationalen Cross-
Border-Geschäft, in: Cocca, Teodoro D, Lauer, Armin, Reittinger, Wolfgang J
(Hrsg.), Digitalisierung im Private Banking, Frankfurt am Main: Frankfurt
School Verlag GmbH, 2018, S. 175–194

Gesellschaft für Konsumforschung (Research Online Purchase Offline, 2015):
Research Online Purchase Offline - Die Bedeutung des Internet im Kau-
fentscheidungsprozess, 2015

Giesen, Hartmut (Vom Robo Advice zum Robo Wealth Management, 2016):
Vom Robo Advice zum Robo Wealth Management – „Demokratisierte" Algorithmen, Künstliche Intelligenz und Deep Learning im Dienste von Pri-
vatanlegern, in: Everling, Oliver, Lempka, Robert (Hrsg.), Finanzdienstleister der nächsten Generation: Megatrend Digitalisierung: Strategien und
Geschäftsmodelle, Frankfurt am Main: Frankfurt School Verlag GmbH,
2016, S. 171–186

Glusac, Nikola, Vater, Dirk (Was Millionäre von ihrer Bank erwarten, 2014):
Was Millionäre von ihrer Bank erwarten, 2014

Grampp, Michael, Kobler, Daniel, Schlotmann, Johannes (Innovationen im Private Banking & Wealth Management, 2017): Innovationen im Private Banking & Wealth Management - Den Wandel des Geschäftsmodells aktiv gestalten, 2017

Grimm, Michaela, Heise, Michael, Holzhausen, Arne, Romero, Patricia Pelayo
(Allianz Global Wealth Report, 2019): Allianz Global Wealth Report 2019,
2019

Gulden, Julian (Automatisierte Geldanlage, 2019): Automatisierte Geldanlage:
Determinanten und Einflussbedingungen der Akzeptanz von Investment
Management FinTechs, Wiesbaden: Springer Fachmedien GmbH, 2019

Gutmann, Alexander (Weltweites Privatvermögen, 2018): Weltweites Privatvermögen überschreitet Marke von 200 Billionen US-Dollar, 2018

Hach, Wolfgang, Möbus, Dirk, Steger, Sebastian, Panizza, Philipp (Plan D – konsequent digital, 2016): Plan D – konsequent digital Wie Finanzdienstleister durch End-to-End-Digitalisierung ihre Zukunft sichern, 2016

Henk, Alexander, Holthaus, Jens-Uwe (Zukunftsorientierte Neuausrichtung des Vertriebs, 2015): Herausforderungen – Zukunftsorientierte Neuausrichtung des Vertriebs von Banken und Sparkassen, in: Brock, Harald, Bieberstein, Ingo (Hrsg.), Multi- und Omnichannel-Management in Banken und Sparkassen: Wege in eine erfolgreiche Zukunft, Wiesbaden: Springer Fachmedien GmbH, 2015, S. 61–73

Heupel, Thomas, Kümpel, Thomas, Schlenkrich, Kay, (Controlling & Innovation 2019, 2019) Controlling & Innovation 2019 Digitalisierung, Wiesbaden: Springer Fachmedien GmbH, 2019

Hientzsch, Ralph, Spanier, Werner (Asset Manager 2022, 2018): Asset Manager 2022 – auf dem Weg zur Kooperationsplattform?, 2018

Hornuf, Lars, Klöhn, Lars (Crowdinvesting in Deutschland, 2012): Crowdinvesting in Deutschland, in: Zeitschrift für Bankrecht und Bankwirtschaft (2012), Nr. 4, S. 30

ING-DiBa AG (Partnerschaft zwischen ING-DiBa und Scalable Capital, 2017): Partnerschaft zwischen ING-DiBa und Scalable Capital, 2017

Institut für Vermögensaufbau (Vermögensverwaltung der Sutor Bank, 2019): Vermögensverwaltung der Sutor Bank, 2019

Jacob, Michael (Asset Management, 2012): Asset Management Anlageinstrumente, Marktteilnehmer und Prozesse, Wiesbaden: Springer Fachmedien GmbH, 2012

Kaya, Orçun (Deutsche Robo-Advisors, 2019): Deutsche Robo-Advisors: Schnelles Wachstum, solide Performance, hohe Kosten, 2019

Kommer, Gerd (Souverän investieren mit Indexfonds & ETFs, 2015): Souverän investieren mit Indexfonds & ETFs - Wie Privatanleger das Spiel gegen die Finanzbranche gewinnen, 4. Aufl., Frankfurt am Main: Campus Verlag GmbH, 2015

Könsgen, Raoul, Schaarschmidt, Mario (Key Performance Indicators für Software as a Service, 2018): Key Performance Indicators für Software as a Service, in: Reinheimer, Stefan (Hrsg.), Cloud Computing: die Infrastruktur der Digitalisierung, Wiesbaden: Springer Fachmedien GmbH, 2018, S. 31–42

KPMG AG (Ten2Digital - Robo Advisory, 2018): Ten2Digital - Robo Advisory Umfrageergebnisse Teil II, 2018

Leichsenring, Hans Jörg (Elf Thesen zu Innovation in der Finanzbranche, 2017): Elf Thesen zu Innovation in der Finanzbranche, in: Bodek, Mariusz C., Gerdes, Moritz, Siejka, Martin, Smolinski, Remigiusz (Hrsg.), Innovationen und Innovationsmanagement in der Finanzbranche, Wiesbaden: Springer Fachmedien GmbH, 2017, S.445–458

Madel, Tobias B. (Robo Advice, 2019): Robo Advice: Aufsichtsrechtliche Qualifikation und Analyse der Verhaltens- und Organisationspflichten bei der digitalen Anlageberatung und Vermögensverwaltung, Baden-Baden: Nomos Verlag, 2019

Markowitz, Harry (Portfolio Selection, 1952): Portfolio Selection, in: The Journal of Finance, (1952), Nr. 2, o. S.

Mayr, Wolfgang, Schröder, Sören, Wangler, Katharina (Robo-Advisory Wertpapierberatung digital gestalten, 2018): Robo-Advisory Wertpapierberatung digital gestalten - Erfolgreiche Realisierung und Bewertung, 2018

Merritt, Cynthia (Mobile Money Transfer Services, 2010): Mobile Money Transfer Services: The Next Phase in the Evolution in Person-to-Person Payments, 2010

Mirza, Serkan, Patusi, Bruno, Schnieper, Peppi, Toepfer, Olaf, Trigili, Nico (EY Wealth Management Outlook, 2017): EY Wealth Management Outlook, 2017

Mußler, Hanno (Die Deutsche Bank sucht Partner für die Cloud, 2020): Die Deutsche Bank sucht Partner für die Cloud -Zusammenarbeit mit Amazon, Google und Microsoft wegen der Datensicherheit heikel, in: FAZ, (2020), Nr. 36, S. 18

Nickel, Hans (Anlageberatung am Finanzplatz Deutschland, 2018): Anlageberatung am Finanzplatz Deutschland - Steuern, Recht, Trends, Wiesbaden: Springer Fachmedien GmbH, 2018

Niehage, Frank (FinTechs erobern die Bankenwelt, 2016): FinTechs erobern die Bankenwelt, in: Everling, Oliver, Lempka, Robert (Hrsg.), Finanzdienstleister der nächsten Generation Megatrend Digitalisierung: Strategien und Geschäftsmodelle, Frankfurt am Main: Frankfurt School Verlag GmbH, 2016, S. 33–46

Nigsch, Marco (Das Wealth-Management-Team in der Kundenbetreuung, 2010): Das Wealth-Management-Team in der Kundenbetreuung, Wiesbaden: Gabler Fachmedien GmbH, 2010

Parment, Anders (Die Generation Y, 2013): Die Generation Y: Mitarbeiter der Zukunft motivieren, integrieren, führen, 2. vollständige überarbeitete und erweiterte Aufl., Wiesbaden: Springer Fachmedien GmbH, 2013

Reittinger, Wolfgang J (Strategische Erfolgsfaktoren für das Private Wealth Management, 2019): Strategische Erfolgsfaktoren für das Private Wealth Management, in: Brost, Heike, Faust, Martin, Reittinger, Wolfgang J.(Hrsg.), Private Banking und Wealth Management Strategien und Erfolgsfaktoren, 3. Aufl. Wiesbaden: Springer Fachmedien GmbH, 2019, S.495–536

Röstel, Daniela (Wie sicher ist nachhaltig?, 2019): BaFin Journal: Wie sicher ist nachhaltig?, in: BaFin Journal, (2019), Nr. 6, 2–49

Russom, Philip (Big Data Analytics, 2011): Big Data Analytics, 2011

Schmidt, Nikolaus, Tölkes, Christian (Moving to the cloud, 2018): Moving to the cloud - Eine cloudbasierte Strategie für Banken in Europa, 2018

Striapunina, Ksenia (Statista Digital Market Outlook – Market Report, 2019): FinTech Report 2019 Statista Digital Market Outlook – Market Report, 2019

Swoboda, Uwe C. (Retail-Banking und Private Banking, 2004): Retail-Banking und Private Banking: Zukunftsorientierte Strategien im Privatkundengeschäft, 2. Aufl., Frankfurt am Main : Bankakademie-Verlag, 2004

Syracom AG (Trendstudie Banken, 2016): Trendstudie Banken 2016 - FinTechs mit Fokus Geldanlage Wie innovative Anlagekonzepte den Kundenbedarf treffen und den Wettbewerb verändern, 2016

Unicredit Bank AG (HVB Vermögensverwaltung, 2020): HVB Vermögensverwaltung. Ihr Vermögen in vertrauensvollen Händen – damit Sie freie Hand haben für das Wesentliche, 2020

Verband unabhängiger Vermögensverwalter Deutschland e.V. (Grundsätze einer seriösen Vermögensverwaltung, 2015): Grundsätze einer seriösen Vermögensverwaltung, 2015

Vins, Oliver (Ein Start-up als digitaler Private-Banking-Anbieter, 2018): Ein Start-up als digitaler Private-Banking-Anbieter, in: Cocca, Teodoro D., Lauer, Armin, Reittinger , Wolfgang J. (Hrsg.), Digitalisierung im Private Banking, Frankfurt am Main: Frankfurt School Verlag GmbH, 2018, S.195–218

Wörmann, Michael (Die Psychologie des digitalen Wandels, 2019): Die Psychologie des digitalen Wandels, 2019

Wyman, Oliver (Bankenreport Deutschland 2030, 2018): Bankenreport Deutschland 2030 Noch da! Wie man zu den 150 deutschen Banken gehört, 2018

Zillmann, Mario (Banken - Den digitalen Wandel gestalten, 2015): Banken - Den digitalen Wandel gestalten -Wie Retailbanken die Optionen der „Digitalen Welt" nutzen-, 2015

Online-Quellen

AltexSoft Inc. (What is API, 2019): What Is API: Definition, Types, Specifications, Documentation, <https://www.altexsoft.com/blog/engineering/what-is-api-definition-types-specifications-documentation/> (2019-06-18) [Zugriff 2020-01-26]

Altmann, Mareike, Becker, Thorsten (BaFinTech 2016 Workshop 3, 2016): BaFinTech 2016 Workshop 3: Robo-Advice <https://docplayer.org/45965620-Bafintech-2016-workshop-3-robo-advice.html> (2016-06-28) [Zugriff 2019-12-30]

Avicento AG (Banken-RoboAdvisor, 2020): Banken-RoboAdvisor, <https://roboadvisorvergleich.de/banken-roboadvisors.html> (2020) [Zugriff 2020-01-15]

BaFin (Automatisierte Finanzportfolioverwaltung, 2016): Automatisierte Finanzportfolioverwaltung, <https://www.bafin.de/DE/Aufsicht/FinTech/Finanzportfolioverwaltung/finanzportfolioverwaltung_node.html> (2016-04-13) [Zugriff 2019-12-13]

BaFin (Robo-Advice und Auto-Trading, 2016): Robo-Advice und Auto-Trading – Plattformen zur automatisierten Anlageberatung und automatischem Trading, <https://www.bafin.de/DE/Aufsicht/FinTech/Anlageberatung/anlageberatung_node.html> (2016-07-04) [Zugriff 2019-12-02]

BaFin (Finanzportfolioverwaltung, 2018): Hinweise zum Tatbestand der Finanzportfolioverwaltung, <https://www.bafin.de/SharedDocs/Veroeffentlichungen/DE/Merkblatt/mb_091208_tatbestand_finanzportfolioverwaltung.html> (2018-07-25) [Zugriff 2019-12-16]

BaFin (Crowdfunding und der graue Kapitalmarkt, 2019): Crowdfunding und der graue Kapitalmarkt, <https://www.bafin.de/DE/Verbraucher/GeldanlageWertpapiere/Investieren/Crowdfunding/crowdfunding_node.html> (2019-03-18) [Zugriff 2019-12-09]

BaFin (Anlegerschutz im Fokus, 2019): Anlegerschutz im Fokus: Neuerungen im Zuge der Umsetzung der MiFID II, BaFin, <https://www.bafin.de/DE/Verbraucher/Aktuelles/MiFID_II/MiFID_II_artikel.html> (2019-09-26) [Zugriff 2019-12-21]

BaFin (Anlageberatung, 2019): Anlageberatung – Was Sie als Kundin und Kunde beachten sollten, <https://www.bafin.de/DE/Verbraucher/GeldanlageWertpapiere/Anlageberatung/anlageberatung_node.html> (2019-12-09) [Zugriff 2020-01-07]

Bocks, Barbara (Kooperieren oder aufkaufen?, 2017): Kooperieren oder aufkaufen?, <https://www.springerprofessional.de/fintechs/finanzbranche/kooperieren-oder-aufkaufen/12499184> (2017-07-04) [Zugriff 2020-01-15]

boerse.de Finanzportal AG (ETFs vs klassische Fonds, 2015): ETFs vs klassische Fonds, <https://www.boerse.de/nachrichten/ETFs-vs-klassische-Fonds/7564129> (2015-05-07) [Zugriff 2019-12-21]

Brahm, Karl im (Moderne Banking-Ökosysteme vereinen Vorteile von Banken und Fintechs, 2019): Moderne Banking-Ökosysteme vereinen Vorteile von Banken und Fintechs - Innovation entscheidet den Kampf um den Kunden, <https://bankinghub.de/innovation-digital/moderne-banking-oekosysteme> (2019-10-23) [Zugriff 2020-01-17]

Bundesinstitut für Bevölkerungsforschung (Immer mehr ältere Menschen in Deutschland, 2019): Demografieportal - Ihre ausgewählten Fakten - Immer mehr ältere Menschen in Deutschland, <https://www.demografie-portal.de/SharedDocs/Informieren/DE/ZahlenFakten/Bevoelkerung_Altersstruktur.html;jsessionid=855541BA386EF50EC33C43061B842F18.2_cid380> (2019) [Zugriff 2019-12-18]

Bundesinstitut für Bevölkerungsforschung (Bevölkerungszahl nimmt noch zu, 2019): Demografieportal - Ihre ausgewählten Fakten - Bevölkerungszahl nimmt noch zu, <https://www.demografie-portal.de/SharedDocs/Informieren/DE/ZahlenFakten/Bevoelkerungszahl.html> (2019) [Zugriff 2019-12-18]

Bundesministerium der Finanzen (Zwei Jahre FinTechRat, 2019): Zwei Jahre FinTechRat: Erfolgreicher Dialog zwischen Politik und Praxis - Bundesfinanzministerium - Themen, <https://www.bundesfinanzministerium.de/Content/DE/Standardartikel/Themen/Internationales_Finanzmarkt/2019-03-21-zwei-jahre-fintech-rat.html> (2019-03-22) [Zugriff 2019-12-17]

Cocca, Teodoro D. (Was Robo Advisors noch nicht können, 2017): Was Robo Advisors noch nicht können, <https://www.fuw.ch/article/was-robo-advisors-noch-nicht-koennen/> (2017-03-01) [Zugriff 2020-02-02]

CoinMarketCap (Cryptocurrency Market Capitalizations, 2019): Cryptocurrency Market Capitalizations,, <https://coinmarketcap.com/> (2020-04-20) [Zugriff 2020-04-20]

Comdirect Bank AG (Fintech-Wachstum nimmt wieder Fahrt auf, 2019): Comdirect Fintech-Studie 2019 Fintech-Wachstum nimmt wieder Fahrt auf, <https://www.comdirect.de/cms/ueberuns/de/presse/Fintech-Studie-2019.html> (2019-11-18) [Zugriff 2019-11-23]

Comdirect Bank AG (Digitale Vermögensverwaltung, 2020): Digitale Vermögensverwaltung: Robo-Advisor cominvest | comdirect.de, <https://www.comdirect.de/geldanlage/cominvest.html> (2020-04-02) [Zugriff 2020-04-03]

Dämon, Kerstin (Code-Kapital, 2016): Code-Kapital: Sind Algorithmen besser als Menschen?, <https://www.wiwo.de/erfolg/trends/code-kapital-sind-algorithmen-besser-als-menschen/14984234.html> (2016-12-16) [Zugriff 2020-01-06]

Danker, Wiebke (FinTechs, 2016): FinTechs: Junge IT-Unternehmen auf dem Finanzmarkt, <https://www.bafin.de/SharedDocs/Veroeffentlichungen/DE/Fachartikel/2016/fa_bj_1601_fintechs.html> (2016-01-15) [Zugriff 2019-11-25]

DB Privat- und Firmenkundenbank AG (Digitale Vermögensverwaltung, 2020): Digitale Vermögensverwaltung, <https://www.maxblue.de/robin/startseite.html> (2020-04-02) [Zugriff 2020-04-03]

Deutsche Bundesbank (PSD2, 2020): PSD2, <https://www.bundesbank.de/de/aufgaben/unbarer-zahlungsverkehr/psd2/psd2-775434> (2020) [Zugriff 2020-01-26]

Dietrich, Andreas (Social Media und Banking, 2018): Social Media und Banking: Wie sich die Generation Y das Banking in den sozialen Medien vorstellt, <https://blog.hslu.ch/retailbanking/2018/09/24/social-media-und-banking-wie-sich-die-generation-y-das-banking-in-den-sozialen-medien-vorstellt/> (2018-09-24) [Zugriff 2019-12-18]

Dohms, Heinz-Roger (Blackrocks fette Wette auf den deutschen Robo-Advisor-Markt, 2019): Blackrocks fette Wette auf den deutschen Robo-Advisor-Markt, <https://finanz-szene.de/digital-banking/blackrocks-fette-wette-auf-den-deutschen-robo-advisor-markt/> (2019-01-24) [Zugriff 2020-01-17]

Dohms, Heinz-Roger, Kirchner, Christian (Wie Deutschlands Banken ihre Robo Advisor absaufen lassen, 2019): Wie Deutschlands Banken ihre Robo Advisor absaufen lassen, <https://finanz-szene.de/eigene-artikel-von-finanz-szene-de/wie-deutschlands-banken-ihre-robo-advisor-absaufen-lassen/> (2019-05-07) [Zugriff 2020-01-12]

Dr. Jens Ehrhardt Kapital AG (Unsere Leistungen, 2020): Unsere Leistungen, <https://www.solidvest.de/gebuehren> (2020) [Zugriff 2020-01-11]

Ernst & Young Global Limited (How to transform wealth management through digital technology, 2017): How to Transform Wealth Management through Digital Technology, <https://www.ey.com/en_gl/wealth-asset-management/how-to-transform-wealth-management-through-digital-technology> (2017-12-20) [Zugriff 2019-12-16]

Financial Stability Board (Monitoring of FinTech, 2017): Monitoring of FinTech, <https://www.fsb.org/work-of-the-fsb/policy-development/additional-policy-areas/monitoring-of-fintech/> (2017-05-12) [Zugriff 2019-12-03]

Frankfurter Allgemeine Zeitung GmbH (Robo-Advisor, 2019): Robo-Advisor: Die automatisierte Geldanlage ist kein Renner, <https://www.faz.net/1.6363986> (2019-09-02) [Zugriff 2020-12-01]

FOCUS Online Group GmbH (Robo-Advisor-Vergleich 2020, 2020): Robo-Advisor-Vergleich 2020: Hier Top-Anbieter testen, <https://www.focus.de/finanzen/boerse/robo-advisor_id_9142131.html> (2020) [Zugriff 2020-02-16]

Franke-Media.net (SutorBank „PrivatbankPortfolios", 2015): SutorBank „PrivatbankPortfolios" Vermögensverwaltung im Test, <https://www.brokervergleich.de/sutorbank/> (2015-05-07) [Zugriff 2020-02-15]

Franke-Media.net (cominvest – Test und Ergebnisse im Echtgeld-Test, 2017): cominvest – Test und Ergebnisse im Echtgeld-Test, <https://www.brokervergleich.de/cominvest/> (2017-11-03) [Zugriff 2020-01-11]

Franke-Media.net (Jahresbilanz 2018, 2018): Robo Advisor Echtgeldtest - Jahresbilanz 2018 | Statistiken & Zahlen, <https://www.brokervergleich.de/robo-advisor/echtgeld-test/bilanz-2018/> (2018-12-31) [Zugriff 2020-04-10]

Franke-Media.net (Robo Advisor im einzigen Echtgeld-Test Deutschlands 2019, 2019): Robo Advisor im einzigen Echtgeld-Test Deutschlands 2019 | Performance-Vergleich mit Rendite nach Gebühren und Steuern, <https://www.brokervergleich.de/robo-advisor/echtgeld-test/> (2019-05-15) [Zugriff 2019-11-25]

Franke-Media.net (Jahresbilanz 2019, 2019): Robo Advisor Echtgeldtest - Jahresbilanz 2019 | Statistiken & Zahlen, <https://www.brokervergleich.de/robo-advisor/echtgeld-test/bilanz-2019/> (2019-12-31) [Zugriff 2020-04-10]

Franke-Media.net (Bilanz 2020, 2020): Robo Advisor im einzigen Echtgeld-Test Deutschlands 2020 | Performance-Vergleich mit Rendite nach Gebühren und Steuern, <https://www.brokervergleich.de/robo-advisor/echtgeld-test/> (2020-03-31) [Zugriff 2020-04-18]

Freiberger, Harald (Banken verspielen das Vertrauen ihrer Kunden, 2019): Banken verspielen das Vertrauen ihrer Kunden, <https://www.sueddeutsche.de/wirtschaft/sparvertrag-kuendigung-sparkasse-1.4625482> (2019-10-04) [Zugriff 2019-12-17]

Freiberger, Harald (Ein Robo für alle, 2019): Ein Robo für alle, <https://www.sueddeutsche.de/wirtschaft/digitale-vermoegensverwalter-ein-robo-fuer-alle-1.4666938> (2019-11-05) [Zugriff 2020-01-12]

Gartner Incorporated (Hype Cycle Research Methodology, 2020): Hype Cycle Research Methodology, <https://www.gartner.com/en/research/methodologies/gartner-hype-cycle> (2020) [Zugriff 2020-02-03]

Groth, Julia (Anlageberatung, 2017): Anlageberatung: Nicht ohne meinen Berater, <https://www.wiwo.de/finanzen/boerse/anlageberatung-nicht-ohne-meinen-berater/19249630.html> (2017-01-13) [Zugriff 2020-01-07]

Heiden, Maria Katharina (Robo Advisor, o. J.): Robo Advisor – Neue Standards in der Vermögensverwaltung, <https://bankinghub.de/themen/robo-advisor> (keine Datumsangabe) [Zugriff 2019-12-21]

Henkel, Markus (Software as a Service, 2016): Software as a Service: Vor- und Nachteile von SaaS, <https://www.techtag.de/it-und-hightech/cloud-computing/software-as-a-service-vor-und-nachteile-von-saas/> (2016-07-11) [Zugriff 2020-02-03]

Hessenmüller, Jörg (Die Digitale Transformation der Commerzbank, 2019): Die Digitale Transformation der Commerzbank Technologieunternehmen wird man Schritt für Schritt, <https://www.der-bank-blog.de/digitale-transformation-commerzbank/strategie/37657511/> (2019-10-08) [Zugriff 2020-03-21]

Holtermann, Felix (Direktbank, 2019): Direktbank: ING legt im sechsten Jahr in Folge Rekordzahlen vor, <https://www.handelsblatt.com/finanzen/banken-versicherungen/direktbank-ing-legt-im-sechsten-jahr-in-folge-rekordzahlen-vor/23960256.html> (2019-02-07) [Zugriff 2020-01-06]

ING-DiBa AG (Bequem Geld anlegen. Ihre Optionen, 2020): Bequem Geld anlegen. Ihre Optionen, <https://www.ing.de/wertpapiere/> (2020) [Zugriff
2020-01-06]

Klein, Gerald (Robo-Advisor und Banken, 2017): Robo-Advisor und Banken:
Teamwork statt Konkurrenzkampf, <https://growney.de/blog/robo-advi-
sor-und-banken-teamwork-statt-konkurrenzkampf> (2017-11-10) [Zu-
griff 2020-01-13]

Knochel, Lukas (Cloud-Computing, 2020): Cloud-Computing: Die Zukunft der
Datenzentralisierung liegt in der Dezentralisierung, <https://www.erfolg-
und-business.de/kmu/cloud-computing-die-zukunft-der-datenzentrali-
sierung-liegt-in-der-dezentralisierung/> (2020-03-24) [Zugriff 2020-03-
29]

Korschinowski, Sven (FinTechs setzen Banken mit neuen Geschäftsmodellen
unter Druck, 2016): FinTechs setzen Banken mit neuen Geschäftsmodellen unter Druck. Düstere Prognose: Die Hälfte der Banken wird ver-
schwinden, KPMG Digital Hub, <https://klardenker.kpmg.de/digital-
hub/fintechs-setzen-banken-mit-neuen-geschaeftsmodellen-unter-
druck/> (2016-04-12) [Zugriff 2020-01-03]

Krah, Eva-Susanne (Umbruch im Wealth Management, 2015): Umbruch im
Wealth Management, <https://www.springerprofessional.de/bankver-
trieb/wealth-management/umbruch-im-wealth-management/6606154>
(2015-08-04) [Zugriff 2020-01-05]

Leichsenring, Hans Jörg (FinTech-Startups weltweit im Überblick, 2015): Fin-
Tech-Startups weltweit im Überblick - Infografik, <https://www.der-
bank-blog.de/fintech-startups-ueberblick/innovation/19911/> (2015-
12-14) [Zugriff 2019-12-02]

Leichsenring, Hans Jörg (Silo-Management hat auch Vorteile - Cartoon, 2018):
Silo-Management hat auch Vorteile - Cartoon Die Grenzen von Innovationen, <https://www.der-bank-blog.de/silo-management-vorteile/hu-
mor/31416/> (2018-04-13) [Zugriff 2020-02-01]

Leichsenring, Hans Jörg (Mobile-Banking findet vor allem über Apps statt,
2019): Mobile-Banking findet vor allem über Apps statt,
<https://www.der-bank-blog.de/mobile-banking-nutzung/studien/mo-
bile-banking-studien/37656837/> (2019-09-13) [Zugriff 2020-01-03]

Leonhardt, Fabian (Evolutionärer Einfluss von Fintechs auf die Finanzbranche, 2019): Evolutionärer Einfluss von Fintechs auf die Finanzbranche, <https://www.bafin.de/SharedDocs/Veroeffentlichungen/DE/Facharti-kel/2019/fa_bj_1911_Fintech.html> (2019-11-15) [Zugriff 2019-11-25]

Luber, Stefan (Was ist Digitalisierung?, 2019): Was ist Digitalisierung?, <https://www.bigdata-insider.de/was-ist-digitalisierung-a-626489/> (2019-09-01) [Zugriff 2019-11-23]

Luber, Stefan, Litzel, Nico (Was ist Big Data Analytics?, 2016): Was ist Big Data Analytics?, <https://www.bigdata-insider.de/was-ist-big-data-analytics-a-575678/> (2016-09-01) [Zugriff 2020-01-27]

Marti, Thierry, Hofer, David (Die digitale Zukunft im Wealth Management, 2019): Die digitale Zukunft im Wealth Management, <https://www.hwz-digital.ch/die-digitale-zukunft-im-wealth-management/> (2019-05-22) [Zugriff 2020-01-20]

Max Heinr. Sutor oHG (Vermögensverwaltung Kosten, 2020): Fondsvermögensver-waltung | Fondssparplan | ETF Sparplan | Fonds-Portfolios, <https://www.sutorbank.de/sutorsparen/privatbankportfolios/> (2020-04-04) [Zugriff 2020-04-04]

Moulliet, Dominik, Völker, Thomas (Marktüberblick, 2018): Marktüberblick: Die Evolution der deutschen Robo-Advice-Branche, <https://www.private-banking-magazin.de/marktueberblick-die-evolution-der-deutschen-robo-advice-bran-che/> (2018-10-24) [Zugriff 2019-12-18]

Neisius, Ansgar (Digitale Zukunft im Wealth Management, 2017): Digitale Zukunft im Wealth Management: „Erfolgsfaktor Nr. 1 wird nicht der Preis oder die Perfor-mance sein", <https://www.private-banking-magazin.de/digitale-zukunft-im-wealth-management-erfolgsfaktor-nr-1-wird-nicht-der-preis-oder-die/> (2017-12-20) [Zugriff 2019-11-18]

Newton, Alistair (Hype Cycle for Digital Banking Transformation, 2019): Hype Cycle for Digital Banking Transformation, 2019, <https://www.gartner.com/en/documents/3955840/hype-cycle-for-digi-tal-banking-transformation-2019> (2019-01-08) [Zugriff 2019-11-18]

Nickel, Valeria (Robo Advisor – die besseren Finanzberater?, 2019): Robo Advi-sor – die besseren Finanzberater?, <https://de.bergfuerst.com/ratge-ber/robo-advisor> (2019-12-02) [Zugriff 2020-01-03]

Nicolaisen, Christian (Robo-Advisor von DJE Kapital, 2018): Robo-Advisor von DJE Kapital: Investify-Gründer wechselt zu Solidvest, <https://www.private-banking-magazin.de/robo-advisor-von-dje-kapital-investify-gruender-wechselt-zu-solidvest/> (2018-11-06) [Zugriff 2020-01-11]

Niederkorn, Annika (Wealthfront Betterment Deutschland, 2019): Wealthfront Betterment Deutschland: Geldanlage mit den Pionieren unter den Robo-Advisors, <http://www.finanzen.net/ratgeber/anbieter/wealthfront-betterment-deutschland> (2019) [Zugriff 2019-12-30]

Nowakowski, Christoph, Pechardscheck, Stefan (Data & Analytics, 2019): Data & Analytics - Wertvolle Erkenntnisse aus Daten gewinnen und intelligent nutzen, <https://www.bearingpoint.com/de-de/unsere-expertise/fachbereiche/technology/data-analytics/> (2019) [Zugriff 2020-01-27]

Pehle, Daniel (Plattform-Strategien in Private Banking und Wealth Management, 2019): Plattform-Strategien in Private Banking und Wealth Management, <https://www.der-bank-blog.de/platforming-private-banking/private-banking/37657363/> (2019-10-04) [Zugriff 2020-01-05]

PricewaterhouseCoopers GmbH (170 Betriebsaufgaben in zweieinhalb Jahren, 2019): 170 Betriebsaufgaben in zweieinhalb Jahren: Trotz Branchen-Boom geben immer mehr FinTechs auf, <https://www.pwc.de/de/pressemitteilungen/2019/170-betriebsaufgaben-in-zweieinhalb-jahren-trotz-branchen-boom-geben-immer-mehr-fintechs-auf.html> (2019-07-01) [Zugriff 2019-12-10]

Rauer, Jens-Thorsten, Fischer, Volker (Die Hybride Bank 2.0, 2016): Die Hybride Bank 2.0 - Das Modell der Zukunft, <https://veranstaltungen.handelsblatt.com/bankentechnologie/die-hybride-bank-2-0/> (2016-09-07) [Zugriff 2019-12-17]

Rezmer, Anke, Schneider, Katharina (Robo-Advisor, 2019): Robo-Advisor: Digitale Anlagehelfer – Warum viele Robo-Advisor schlechte Noten bekommen, <https://www.handelsblatt.com/finanzen/anlagestrategie/trends/robo-advisor-digitale-anlagehelfer-warum-viele-robo-advisor-schlechte-noten-bekommen/24013342.html> (2019-02-19) [Zugriff 2020-01-04]

Scalable Capital (ING kooperiert mit Scalable Capital, 2017): ING kooperiert mit Scalable Capital, <https://de.scalable.capital/presse/partnerschaft-zwischen-ing-und-scalable-capital> (2017-09-14) [Zugriff 2020-01-06]

Scalable Capital Vermögensverwaltung GmbH (Digitale Vermögensverwaltung Scalable Capital, 2020): Digitale Vermögensverwaltung Scalable Capital, <https://de.scalable.capital> (2020) [Zugriff 2020-01-11]

Scalable Capital Vermögensverwaltung GmbH (Gebühren, 2020): Digitale Vermögensverwaltung Scalable Capital, <https://de.scalable.capital> (2020) [Zugriff 2020-04-10]

Seibel, Karsten (ING-Diba: Roboter darf Kunden betreuen, 2017): ING-Diba: Roboter darf Kunden betreuen, <https://www.welt.de/finanzen/article168660796/Bei-der-ING-Diba-darf-ein-Roboter-Kunden-betreuen.html> (2017-09-14) [Zugriff 2020-01-11]

Skinner, Chris (Banken im Umbruch: Technologie trifft Mensch, 2017): Banken im Umbruch: Technologie trifft Mensch – 10 Stimmen vom Podium und das Methusalem Problem, <https://www.it-finanzmagazin.de/handelsblatt-banken-im-umbruch-technologie-zehn-zitate-methusalem-problem-56856/> (2017-09-06) [Zugriff 2019-11-18]

Slate, Andrew (Die Programmierschnittstelle erklärt, 2019): Die Programmierschnittstelle (API - Application Programming Interface) erklärt, <https://www.wrike.com/de/blog/programmierschnittstelle-api-erklaert/> (2019-07-09) [Zugriff 2020-01-26]

StatCounter (Desktop vs Mobile, 2020): Desktop vs Mobile vs Tablet Market Share Germany, <https://gs.statcounter.com/platform-market-share/desktop-mobile-tablet/germany> (2020-04-04) [Zugriff 2020-04-20]

Statista GmbH (Robo-Advisors - Entwicklung, 2019): Robo-Advisors - Entwicklung des verwalteten Vermögens in Deutschland bis 2023, <https://de.statista.com/statistik/daten/studie/740570/umfrage/entwicklung-des-verwalteten-vermoegens-der-robo-advisors-in-deutschland/> (2019-05) [Zugriff 2019-12-30]

Statista GmbH (Robo-Advisors - Entwicklung des Anlagevolumens pro Nutzer weltweit bis 2023, 2019): Robo-Advisors - Entwicklung des Anlagevolumens pro Nutzer weltweit bis 2023, <https://de.statista.com/statistik/daten/studie/742955/umfrage/entwicklung-des-anlagevolumens-pro-nutzer-der-robo-advisors-weltweit/> (2019-05) [Zugriff 2020-01-14]

Statista GmbH (Robo-Advisors - Entwicklung der Nutzeranzahl in Deutschland bis 2023, 2019): Robo-Advisors - Entwicklung der Nutzeranzahl in Deutschland bis 2023, <https://de.statista.com/statistik/daten/studie/742036/umfrage/entwicklung-der-anzahl-der-robo-advisor-nutzer-in-deutschland/> (2019-05) [Zugriff 2020-01-14]

Statistisches Bundesamt (Alterung der Bevölkerung, 2016): Alterung der Bevölkerung durch aktuell hohe Zuwanderung nicht umkehrbar, <https://www.destatis.de/DE/Presse/Pressemitteilungen/2016/01/PD16_021_12421.html> (2016-01-20) [Zugriff 2019-12-18]

Statistisches Bundesamt (Demografische Aspekte, 2019): Demografische Aspekte, <https://www.destatis.de/DE/Themen/Querschnitt/Demografischer-Wandel/textbaustein-taser-blau-bevoelkerungszahl.html> (2019) [Zugriff 2019-12-18]

Statistisches Bundesamt (Bevölkerung im Erwerbsalter sinkt, 2019): Bevölkerung im Erwerbsalter sinkt bis 2035 voraussichtlich um 4 bis 6 Millionen, <https://www.destatis.de/DE/Presse/Pressemitteilungen/2019/06/PD19_242_12411.html> (2019-06-27) [Zugriff 2019-12-18]

Sternkopf, Christian (API-Banking, 2019): API-Banking: Mehr als Open Banking, <https://www.knowis.com/de/blog/api-banking-mehr-als-open-banking> (2019-08-20) [Zugriff 2020-01-26]

Tyborski, Roman (Online-Vermögensverwaltung, 2017): Online-Vermögensverwaltung: Die ING-Diba digitalisiert sich, <https://www.handelsblatt.com/finanzen/banken-versicherungen/online-vermoegensverwaltung-die-ing-diba-digitalisiert-sich/20329734.html> (2017-09-14) [Zugriff 2020-01-06]

Unicredit Bank AG (Lassen Sie Ihr Vermögen professionell verwalten, 2020): Lassen Sie Ihr Vermögen professionell verwalten, <https://www.hypovereinsbank.de/hvb/private-banking/vermoegen-anlegen/vermoegen-verwalten-lassen> (2020-03-16) [Zugriff 2020-03-16]

VisualVest GmbH (Wie funktioniert die Geldanlage mit einem Robo Advisor?, 2020.): Wie funktioniert die Geldanlage mit einem Robo Advisor?, <https://www.visualvest.de/info/robo-advisor.html> (2020) [Zugriff 2019-12-21]

Weimann, Jürgen (FinTechs vs. Banken, 2016): FinTechs vs. Banken - Was Banken nun tun müssen!, <https://juergenweimann.com/fintechs-vs-banken-was-banken-nun-tun-muessen/> (2016-06-13) [Zugriff 2020-01-15]

Wodtke, Andreas (Mit Open Banking in eine offene Zukunft, 2019): Mit Open Banking in eine offene Zukunft -Klassische Banken mit innovativen FinTechs verbinden-, <https://www.der-bank-blog.de/zukunft-open-banking/digital-banking/37657906/> (2019-10-15) [Zugriff 2020-04-19]

Zeit Online (Bundesbank, 2019): Bundesbank: Geldvermögen in Deutschland erreicht Rekordwert, <https://www.zeit.de/wirtschaft/2019-07/bundesbank-geldvermoegen-private-haushalte-deutschland-rekordwert-niedrigzinsen> (2019-07-15) [Zugriff 2020-01-06]

Zinnecker, Sara (Digitale Anlagehilfe gegen Aufpreis, 2019): Digitale Anlagehilfe gegen Aufpreis, <https://www.finanztip.de/robo-advisor/> (2019-08-12) [Zugriff 2019-12-10]